回望云蒸霞蔚里的高峰

徐志摩／解读名人

徐志摩／著

天津出版传媒集团

天津人民出版社

图书在版编目（ＣＩＰ）数据

回望云蒸霞蔚里的高峰：徐志摩解读名人 / 徐志摩著.
— 天津：天津人民出版社, 2013.4
　（再读徐志摩）
　ISBN 978-7-201-08032-1

　Ⅰ. ①回… Ⅱ. ①徐… Ⅲ. ①文化-名人-人物研究
-世界 Ⅳ. ①K815.4

中国版本图书馆 CIP 数据核字(2013)第 050868 号

天津人民出版社出版

出版人：黄　沛
（天津市西康路 35 号　邮政编码：300051）
邮购部电话：（ 022 ）23332469
网址：http://www.tjrmcbs.com.cn
电子信箱：tjrmcbs@126.com

高教社(天津)印务有限公司印刷　　新华书店经销

2013 年 4 月第 1 版　2013 年 4 月第 1 次印刷
700×960 毫米　16 开本　10.25 印张　2 插页
字数：210 千字
定　价：29.00 元

徐志摩眼中的大家

（代 序）

　　徐志摩写过多篇有关文化名人的文章，其中谈得最多的是罗素、泰戈尔、曼殊斐尔、哈代和丹农雪乌。

　　这些人中，以文学家为主，也包括一些政治家、思想家、社会活动家。当然，有的人既是文学家，也是思想家，还是社会活动家。

　　徐志摩所看重的，一是振聋发聩的思想，二是卓著的文学成就，三是独特的人格魅力。

　　对于思想者的追随，可以看出他内心的倾向与渴求。

　　1920 年，原本在美国攻读博士的徐志摩忽然放弃了博士学业，林徽音在《悼志摩》中慨叹他的为人时说："他抛弃博士一类的引诱卷了书包到英国，只为要拜罗素做老师。"可知学历学位对于徐志摩来说，都是无足轻重的，重要的是遇上名师。他说，他去找罗素，就是"想跟这位二十世纪的福禄泰尔认真念一点书去"。然而那时罗素已离开英国，并于 1920 年 10 月至 1921 年 7 月在中国访问，徐志摩也就只能从新闻报道中了解一些罗素的行踪了。

　　罗素在中国曾作过"哲学问题"、"心之分析"、"物之分析"、"数学逻辑"、"社会结构学"等演讲，在中国知识界反响巨大。徐志摩自然也是知道的,他也极想亲耳聆听其演讲,可惜没有机会。但他对罗氏的著作仍作了认真的阅读,从中不难看出徐志摩并不是一个盲目崇拜的人。比如对于苏俄的态度,徐志摩比较了罗素和韦尔思二人的不同。罗素未去苏俄时先对那儿充满向往,大加赞赏;待去后发现并不如想象之好,又大加贬斥。韦尔思不同,未去前不加评说,去后发现问题也能更客观分析。"罗氏为科学家,常抑情感而求真理,然一涉意气,即如烟突泉涌蓬生而不已;韦氏为文学家,常纵情感而求文章,及临事理之复凑,转能擘画因果发为说论。"故徐志摩对韦尔思有更多的赞赏,称"罗氏终是书生,故见难而惧"。

然而罗素所著《中国问题》一书,徐志摩读后则写了书评,称这是"中西文化交融的经程中"的里程碑。罗素赞扬中国文化,不希望中国变成为西方文明的"私生子"。不要干涉,让中国人管自己的事,"他们自会得在百十年间吸收外来他们所需要的原素,或成一个兼具东西文明美质的一个好东西"。徐志摩称这是由深邃的理智和真挚的情感"交互而产生的一种真纯信仰,对于种种文明文化背后的生命自身更真确的觉悟与认识。"即使在今天看来,这样的看法也是非常贴切真确的。

罗素对于近代工业文明所带来的人生苦痛的反思,与他所看到的中国人的平和安稳相关联。徐志摩在其《罗素又来说话了》一文中,也作了深入的论说。"现代社会的状况,与生命自然的乐趣,是根本不能相容的。"文明如果不能带来人生的幸福,文明也就走向了进步的反面。可以说,罗素的观点让徐志摩对于东西方文化有了更透彻的感悟。

徐志摩还与泰戈尔关系密切,这既有徐志摩仰慕其人其思想的原因,还因为在其访问中国期间,徐志摩全程陪同作翻译,并为之引见名家,安排行程,从而深得泰戈尔的赞赏。

徐志摩对他很敬重,景仰他的思想情怀和人格魅力。泰戈尔也主张弘扬东方文化,欣赏中华文明,反对资本主义的功利性和军国主义的暴戾性,反对激进的人们对西方文化的盲目崇拜。然而,在当时中国新文化运动正蓬勃发展之际,这样的思想难免会招致非议。反对者说,泰戈尔是从英国殖民地印度过来的老头子,思想守旧过时,并"多放莠言乱我思想界"。为此, 同样具有新思想的徐志摩则尽力为泰戈尔辩护,说"他是歌颂青春与清晨的","他是信仰生命的",他反对的是颠覆了人道的平衡的现代文明,只希望消除"芜秽的心田里只是误解的蔓草"。徐志摩对于激进的人们的无礼深为痛心,指出:"我们固然奖励思想的独立,但我们决不敢附和误解的自由。"

泰戈尔在中国并不很舒心,有的演讲还因此取消了。好在有徐志摩在身边尽心尽力安慰,他才略感一些宽心。

对于文学名家的推崇,从他们的作品,到他们的人格魅力,徐志摩总是带着最为景仰的心境去接近,曼殊斐尔便是其中最受徐志摩看重的人物之一。

徐志摩只见过曼殊斐尔一面, 而且仅仅是"那二十分不死的时间"。这"不死",就是留给了徐志摩心中永远的美——"我看了曼殊斐尔像印度最纯澈的碧玉似的容貌,受着她充满了灵魂的电流的凝视,感着她最和软的春风似的神态,所得的总量我只能称之为一整个的美感。"徐志摩从视觉到听觉到心灵,都完全沉浸在她所洋溢出来的美的氛围中。郑振铎在看了徐志摩写的拜访曼殊斐尔的文章后,曾说:"他的这曼殊斐儿访问记,很使我感动,中国的文坛里久不见这样凄美动人的文字了。"

徐志摩之所以对她如此欣赏,还在于她的文采,以及她对人物心

3

理的惟妙惟肖的描摹。"她手里擒住的不是一个个的字,是人的心灵变化的真实"。也正因为对这种创作风格的推崇,徐志摩写的小说,也便带有了这样的影子——更关注人们的心理状态,而不是故事情节本身。

徐志摩景仰的人,还有叔本华、托洛茨基、契诃夫、济慈、丹农雪乌、哈代、罗曼罗兰、达·芬奇,等等。他们或是哲学家,或是政治家,或是文学家,或是艺术家,在各自的领域里有出类拔萃的成就。而他们都有一个共性,就是关注人生,关注灵魂,也关注社会。看看徐志摩对他们的评价:站在哲学高峰上的叔本华,"很多次他自己怀疑到正在运思中的脑袋,他得往墙上去碰出口里一声'阿唷'来才能无条件的相信他自身的存在";天才的政治思想家托洛茨基"是一个有想像力有理想的革命者:他的先觉性的视域下早就涌现着整个新来的大地山河";勇敢的人道的战士罗曼罗兰,"对着在恶斗的漩涡里挣扎着的全欧,罗兰喊一声彼此是弟兄放手","当他全国的刀锋一致向着德人的时候,他敢说不:真正的敌人是你们自己心怀里的仇毒";用文学之笔还原真实生活的契诃夫,"他不给我们生活的'描写',他给我们'真的生活'。他出来接见我们,永远是不换衣服的,正如他观察的生活永远是没有衣饰的"。哈代,徐志摩称他是现代作家中最伟大的一个,"他在文艺界的位置已足够与莎士比亚、鲍尔札克并列","我觉得读他一册书比受大学教育四年都要好";怪诞而卓越的丹农雪乌,"他永远在幻想的飓风中飞舞,永远在烈情的狂涛中旋转。他自居是'超人'"。

够了,从那些蜻蜓点水式的评论中,已经可以看出徐志摩对于那些引领思想文化潮流的人物推崇至极。即使从徐志摩的行文中未必能看出那些名流的完整的形象,而我们对于思想文化的大潮曾在这些人的推动中,所涌起的狂涛巨澜,却也是过目难忘的。

就让我们跟随徐志摩一起,重新走入那些大师的内心世界吧。

陈益民

徐志摩解读名人

目 录

徐志摩解读名人

罗素游俄记书后

尼采有言："蛇不能弃蜕则僵，人心亦然，其泥执而不变者，岂心也乎哉。"

罗素世代簪缨，一国望族，其决然弃世俗之浮华，研数哲之秘妙，已非常心所可几。方战事之殷，罗素因仁人之心，训和平之德，乃不谅于政府，夺其教席，拘之狴犴。罗氏怒。罗氏不能不怒，舍名与数，言政及变，书出不胫而走。罗氏不复以哲学士名而以社会改造家闻；不复以和平派名而以急进党闻；不复以康桥教授名而以主张基尔特社会主义闻。侵假而罗氏观俄变而惑焉，而神往焉，而奖教焉，而宣导焉，而自认以共产主义为宗教焉，苏维埃之炽益盛，罗氏遂亲临按之。罗氏游俄见蓝宁，访屈老次基探高干，尤即俄之泼洛涞汰沿以听舆诵焉。巡游毕，罗氏归，其意爽然、惘然、怅然、淆然，著书纪其游而加论断焉。罗氏不悦，罗氏不怿，罗氏复东，罗氏今掌教中原。吾愿其以变济吾之常，以发震我之蛰，尤愿其勿因我青年口头笔头之恭维，而徒誉我如杜威，徒诒我如狄更生。吾青年乏个性，善迁务新，其蔽犹之顽旧，吾愿罗氏医之。

吾因评罗氏之书，不觉遂旁及其人，令吾言书。

评罗氏之书不可不先揣罗氏之心理，叙之得二端焉。罗氏言人道崇和平,罗氏尊创作恶抑塞,其书盖论鲍尔雪维克之巨作也。游历者之言病肤浅,新闻记者之言病琐碎,"康拉特"(Comrade)之言蔽于张,"波淇洼"之言失之隐,罗素则不然,无党故蔽不著,爱真故言毋讳,阐人道故臧否皆出于同情,奖文化故按察皆援纯理为准绳,凡此皆罗氏独具之德,无论是否其说者所当共认也。

顾罗氏言苏俄何似?吾非作札记式之读书录,故略其枝叶而论其本干。

美国《国民周刊》始载罗素游俄之文而节罗氏言,颜其标曰:"余信共产主义而赴俄,但……"但者犹言既见俄而不复信共产主义也。罗氏自叙其意曰:"吾强不得已而拒鲍尔雪维克主义,以有二因焉:其一采鲍尔雪维克法以登共产主义,人类须付之代价过巨,其二就使付价矣,而谓鲍尔雪维克所昌言能得之结果可一蹴而几,吾不信也。"

然本年五月罗氏著文名《民治与革命》载美国《解放》杂志,亦论鲍尔雪维克,吾节译其要言如次:"余确信真纯之进化有恃于国际社会主义之胜利,即不得已而须付极巨之代价以致此胜利亦值。余亦确信国际社会主义一日不克胜,世界一日不得真正之和平。止此泯梦之上法奈何,强社会主义之势力而弱其反抗者而已,无他道。一言以蔽之,吾信'援力益增则和平之来亦益速'。吾言社会主义吾非谓非驴非马之制度,吾直谓澈底澄清,根干枝叶全体之变迁,例之则蓝宁所尝试者是已。使是最后之胜利实为和平之本质,则此战争所引起之种种不幸——因财阀反抗力所引起之不幸——吾等必默受而无怨。"

准此则罗氏直已受正式鲍尔雪维克之洗礼,知心朝礼南无阿弥陀佛,自顶至踵一"红人"矣。何以一朝脚踏实地,遽尔尽汗前言,吾向谓哲学家出言立说多少必有根底,其然岂其然邪。

说者有谓罗氏爱鲍尔雪维克者,实缘意兴之冲动,非出真诚之信仰,又误以苏维埃之俄土为其理想之人间天上之共产制度。故一临事实而幻想破,一即尘缘而香火坠。此解或信于常人,吾于罗氏有惑焉。夫罗氏阐数理浃名学,籀哲理应人事,其机其密其确切其微妙举世似无出其右者,如何发言经世,一任情感,与庸众齐辙哉。且罗氏不尝言应付代价以致革命乎,不尝言应忍不幸以全革命乎?俄国之有内乱外患,罗氏知之。苏维埃之为初次试验,罗氏知之。俄民之濒水火灾馑,罗氏知之。乃至屈老次基编红军杀白将,此欧美五尺童皆知之,罗氏必知之。共产党之专制,罗氏知之。苏俄尚在过渡而非共产主义完成时期,罗氏亦知之。其国内之不幸,原因于举世波淇洼政府之反抗,罗氏亦知之。总之俄国内幕之情形,罗氏固不俟亲临其地而早知之审且切。吾读罗氏游俄之记盖无一事不早为言苏俄者道破,亦无一事不在有常识人理想之中,罗氏既游欧当益坚其所尝确信者,而不当讶其所见之新奇。

使其未尝有昔日之宣言而得游俄之结论如此,则吾以人道和平自由诸标准量之甚吻。然罗氏一则曰确信,再则曰确信,今确信犹然,而所信之事物适相矛盾,吾又安知其今日所确信者,不起变化于将来。或者罗氏一朝汉家之文化,又逞其不世之词锋,另辟思想之途径。此大哲学家吾爱之慕之不如吾异之疑之。罗氏以英伦贵族下降"红"尘,复一跃登云临视下界,而取向日自身所笑骂不痛不痒之地位。此地位如何,请聆其妙论。

"鲍尔雪维克说之谬,在于侧重经济之不平,以为此路通而路路可通。吾不信社会问题之复凑而可抉一题以概万汇者,然使吾择一事为政治之主恶,则吾宁择权力之不平以概其余。吾不认此权力之不平,乃可以共产党独裁政治或阶级战争所可纠正而无憾。能致此权力之平等者,

徐志摩解读名人

3

惟有和平与长期之渐进而已。"又言曰："人与人善毋悖毋恨毋暴毋侵，均布化育，善用余闲，陶发美术奖进科学，凡此，皆言政治者所当慎重商榷者也。予不信革命与战争可得而扶植真正之进化。吾尤确信今日之事在于减灭战事所发生之残忍之气象。以此，故吾虽明认鲍尔雪维克与俄民殊特之关系，吾不愿其蔓延，吾尤不赞西欧大党之承袭其哲理。"

此罗氏游苏俄而后之结论也。彼向言国际，今言吾国，向薪社会主义之胜利，今祝阶级战争之消灭。向言世界之和平有恃国际社会主义之胜利，今言和平有恃于迂缓之和平，不提社会主义。向言虽付巨值所不惜，今言货劣送我亦不要，况付钱乎。向言必斗反抗社会主义之势力，今硁硁戒斗。向言援力益增(援，援俄也)则和平之来亦益速，今大声疾呼禁人毋蹈俄覆辙。向尊蓝宁之事业为澈底澄清之英雄事业，今痛心疾首惟苏俄现象是惧。向宣言艰难困苦皆最后成功之必须回目，今言水过深火过热，宁和平毋激烈，约而言之，入红境者，红心红德之罗素也；反白邦者白心白德之罗素也。试味其"以和平致和平"之程序，吾不知是资本家之言乎？抑波淇洼之言乎？而断然非"非波淇洼"之言也。法律也，秩序也，自由也，平等也，文明也，教育也，和平也，吾不知所谓波淇洼者读罗素文而其心花怒放心痒难搔为何如也。更引申其论理则罗素必抗劳工之罢工权，以罢工含战争之性质而绝对的不和平也。罗素必抗大实业之国有，以此要求实含阶级冲突之意义也。吾尚喜罗素未忘其基尔特主义之沾带，然其提之也，仅仅为陪衬起见，而非昔日著书鼓吹之精神矣。且罗氏所谓，"权力之不平"吾疑焉。罗氏以社会崎岖之现象，实权力之不平而非财力之不平为厉阶焉。

罗氏不尝言基尔特社会主义乎，奈何健忘若此，竟将廓尔奥与奇霍布孙诸同志朝夕谆谆批评现社会最强之理由，与红盔红甲同炉共化

4

哉！"基尔人"曰：政治权之实质无他，经济权耳。吾操其实而名自傅，彼揣其末故遗其本，此实近年言职业代议式之开宗明义章也。且试观罗氏所谓权力者何，而其矛盾自显。其言曰："财力之不均非资本制度之大弊也，其大弊在于权力之不均。"又续言曰："占有资本者(注意此主体)行使其势力于社会逾越常轨，彼几属于控制教育新闻机关之全体，以支配普通人民之知识……"以下罗素屡引及影戏，吾不耐为作翻译，然其大意已可见。一言以概之曰："资本家掌权。"然此资本家非所谓经济能力之集中点乎？而罗氏贸贸然曰资本制度之不良非财力之不均，实权力之不均也。此矛此盾实已显相牴牾，更不须解释。吾即不从马克思言"经济制判"说，吾亦愿问罗氏，彼资本家何以能控制教育与言论乃至影戏事业。金钱金钱，资财资财，万能无不能，罗先生故逗读者笑乎，抑诚忠厚如此也。

由此论之，罗素已竟一度之轮回。其始起为贵族为澄静之哲士，人间色相非所问也。(罗素最精贡献为其三大本之 Principia Mathematica，吾偶读之盖满卷皆唵嘛叭咪吽唂也)，及战事起而罗氏忽焉心血来潮，训和平讲人道，竟干国法，受羁束，罗素遂开杀戒，著《战时之公道》，言"德国社会民主主义"，著《社会改造之原理》，著《乐土康庄》(此是我文言的译名，有人翻作《提议到自由去的路》，到也剀切详明，不过"提议"的字样，只有美国印本上有，原本上是没有的。)，竟大谈其社会主义而皈依于基尔特派，及著《民治与革命》而罗素已遍体腥红。然后入红邦观红光，大失望，脱尽红气，复归于白，大白而特白，一度轮回，功德圆满。此后变化何如非我所敢知矣。

使我有暇，我犹且细针密缕雠校罗氏之观察，今姑止此矣。吾著此篇之意非专评罗之书，亦非评罗素之为人，吾所欲言者，乃在天下事理

5

之复凑，消息之诪张，非实地临按融合贯通者，不能下纯正之判断。罗氏研擘哲理深潜如此，宜可以免情感作用矣，而犹且未能。然吾尤佳罗氏之质直公平，有爱于红则竟红，爱衰则复归于白，今国内新青年醒矣，吾愿其爱红竟红，爱白竟白，毋因人红而我姑红，毋为人白而我勉为白，则我篇首所引尼采语有佳证矣。

载上海《改造》杂志第 3 卷第 10 期(1921 年 6 月 15 日)

罗素与中国

——读罗素著《中国问题》

罗素去年回到伦敦以后,他的口液几乎为颂美中国消尽,他的门限也几乎为中国学生踏穿。他对我们真挚的情感,深刻的了解,彻底的同情,都可以很容易从他一提到中国奋烈的目睛和欣快的表情中看出。他有一次在乡下几于和卫伯(Sidney Webb)夫妇吵起嘴来,因为他们一对十余年来只是盲目地崇拜日本,蔑视中国。他对人说他很愿意舍弃欧洲物质上舒服的高等生活,到中国来做一个穿青布衫种田的农人。他说中国虽遭天灾人患,其实人民生活之快乐直非欧洲人所能想像。他说中国的青年是全世界意志最勇猛,解放最彻底,前途最无限的青年;他确信中国文艺复兴不久就有大成功。然而他也知道我们的危险。他在英国每次发言,总告诫人说最美最高尚最优闲的中国文化,现在正在危险中,有于不知不觉中,变化为最俗最陋最匆促的青年会文化之倾向;他说现在耶稣教在中国的魔力,就蕴在青年会的冷水浴和哑铃操里面。太平洋那边吹过来的风,虽则似乎温和,却是充满了硝酸的化力。我离伦敦前接到他从瑞士来的电报,要我到巴黎去会他,后来彼此还是莫有会成,但他寄来送我一本他的新书《中国问题》,叫我到国内来传布他的意见,我答应回来温习过自己的社会人民以后,替他

徐志摩解读名人

做一篇书评。如今我回国已有一月，文章还不曾做出，现在我姑且先用中文来传达他书里的一番厚意，好让爱敬罗素的诸君，知道我们得了一个真正知心多情的朋友在海外哩。

罗素这本书，在中西文化交融的经程中，确实地新立了一块界石。他是真了解真爱惜中国文化的一个人，说的话都是同情化的正确见解，不比得传教士的隔着靴子搔痒，或是巡捕房头目的蹲在木堆里钓鱼。他唯其了解，所以明白我国过去文化的价值，和将来发展的方向；唯其爱惜，所以不厌回复地警告欧人不要横加干涉，责备日本不应故意蹂躏，隐讽美国不要用喜笑的脸温存的手，来丑变低化我们的遗产。他开头就说在中国的三大问题——政治、经济、文化——中关于全人类和中国自身最重要的是文化问题；只要这个问题解决的满意，不论政治经济化成如何样式，他都不在乎了。他说中国好比一个美术家的国，有美术家的好处也有他的坏处，但这好处是有益于人的，坏处只报应在他自身。他就问一个重要的问题，他问如此说来，全世界是否应得设法保全他的好处呢，还是逼迫他去学欧洲的坏样子，专做损人不利己的事业呢？他再问果然有一日中国有力量，即以其人之道还诸其人之身，来对付东西洋人，那时全世界又成何面目呢？

罗素知道老大帝国黄脸病夫的实力和潜伏的能力，所以他最怕他被逼迫而走最没出息的武力主义那条路。此点他书里屡屡提及，他最近在米郎的一个平和会里又说同样的话。我们固然很感觉东西两面急急锋的压迫，固然有铤而走险的倾向，但我们可以告慰知爱我们的罗先生，中国国民不到走投无路的时刻，决不会去效法野蛮人的行为，同类自残的下策。

所以罗素注意的，是文化，是民族创造精神的表现，不是物质的组织,盲目的发展。他说我不管旁的,我只管知识,美术,本能的快乐,友谊和感情。他接着解释知识也不是呆板的事实,堆积的工夫,艺术也不仅是美术家手里做出来的物件。他所谓美术直包及俄国的村农,中国的苦力,他们似乎有一种不自觉的努力去寻赏真美。那种产生民歌的冲动,曾在清教徒时期前盛行,如今只可向村舍前农园后访去了。本能的快乐,就是单纯生活的幸福,欧美人原来干净的人道全教工业的烟煤熏黑,原来活的泉源全教笨重的钞票塞住。他告我说他见湖南的种田人,杭州的车轿夫,他们那样欢欢喜喜做工过日,张开口就笑,一笑就满头满面满心的笑,他几乎滴下泪来,因为那样轻爽自然的生活,轻爽自然的笑容,在欧美差不多已经灭迹了,欧美人所最崇拜的,只是进步与速率,中国人根本就莫有知道这会事。他们靠了进步与速率,得到了力与钱,也造成了现在惴惴不可终日的西方文明;中国人终是慢吞吞地不进不退,却反享受了几千年平安有趣的生活。

他说让中国人管他们自己的事,不要干涉,他们自会得在百十年间吸收外来他们所需要的原素,或成一个兼具东西文明美质的一个好东西。他只怕两个方向:他怕中国变成个物质文明的私生子,丧尽原有的体面;他又怕中国变成守旧的武力国。

他说欧战使欧洲觉悟自己文明的漏洞,游俄游中的经验使得他相信这两个国家可以指示欧洲人那里是漏洞,怎样的补法。他说中国人的生活习惯若然大家都采用,全世界就会快活享福。欧美人的生活刚正是反面,他们只要奋斗,变动,不足,破坏。物质文明的尾巴已经大得掉不过来,除了到安定的东方来请教,恐竟没有法子防止灭亡。下面容我节译一段他在一九二〇年的夏天,跟着英国工党的代表团,到俄国去观察,正当鲍尔雪微克想用全力来根本改造俄民的习惯,想把原来

有亚洲气息的俄民,改赶入纯粹机械性质的生活。他那时正在鄂尔迦(Volga)河中:

吾舟驶于鄂河,日复一日,经一荒凉诡异之乡。舟中人皆嚣杂,欣怃,好争持,善为捷易之说理,喜以巧言释百业,咸谓天下宜无事不可解,诚能如其言为政,则人事之利害可铢铢而算,人类之进向可节节而定也。有一人病且死,斗弱斗恐、斗健康者之漠视甚力,而同舟人之辩之争,之琐笑,之扬声求爱,喧逐,几如雷动,夜以继日,曾不念病苦者之难堪。舟以外,鄂河之波,鄂河之岸,皆静如死,诡如天。愿此静秘,舟中人莫或有暇以听察焉;余独内感不宁,断不能寄心耳于诡辩者之辩,与通事实者无尽藏之事实。一日,既迟暮,吾舟泊于一荒落之所,杳不见房屋,但有沙堤长亘,其背则白杨成列,明月升焉。余默然登岸,行沙中不远,而见一人类之奇集,似古游民,盖来自灾荒之极域,家族麇聚,绕以家用杂具,有立者,有卧者,有悄然积小枝作火者。火成焰发,照人面历历,皆髭节蓬生,男子野鲁北耐,妇人粗陋,童子亦严肃迟重,如其亲。其为人也无疑,愿求习于猫于犬于马,宜若易于是族之男妇童子。我知彼等必且竣息于此荒凉之域,日焉月焉,以冀船来载去传闻天人不尽各酷之乡;然其闻之确否,又谁得而知之。将有死于途运者,若饥与渴,日中之炎热,则殆莫或能免,然即其茹苦,犹喋不呻。余观览之余,不禁兴感,念是殆庞俄魂灵之征识,默不能自吐,力挫于失望,彷徨转侧,西欧犹且翘然自分党别,或进而争,或退而处,熟视此无告者若无睹焉。俄之体大,间有能者,亦如蚪碛之于广漠,不可得而识。彼硁硁于主义者,方且强柳杞以为杯棬,将

10

屈人类原始之本能，为学理之试验；然余窃不敢信幸福之可以工业主义与强迫劳役钳刺而致也。

然及晨曦之复转，而舟中之哓哓于唯物史观及共和政体之得失者犹然如故，余亦口耳其间，不复自省。与余辩者未尝见岸上游弋之灾民，即见之亦且类之于砂石草木，以其穷野不可训，非社会主义福音之所宜及也。然彼民宁忍之静默，既深入于余心，辩虽亟，论虽便习，而寂寞难言之思，犹耿耿于中焉久之。卒之余奋然自谓政治者魔实趣使之，强者黠者承其意以刑楚羸弱之民族，为利，为权力，为主义，其害则均。吾舟犹前进不息，日侵饥民之余粮，仰庇于军士，则饥者之子也；受之惠如此，我不知且何以报之。

鄂水风来，鄂水波动而居民愁惨之歌，白拉拉加之音，萧然缭绕吾舟，此景不可忘已。声之来，与俄土荒伟之静默俱，止于余心而为不可解之问，不可苏之隐痛，东人乐生之色，于焉黯矣。

此方余来向中国以求新望，心境盖如此。

上面这一段话，文情兼至，实在太好了，令我不忍不翻，而翻之结果，竟成了几于古文调子。罗素是现代最莹澈的一块理智结晶，而离了他的名学数理，又是一团火热的情感，再加之抗世无畏道德的勇敢，实在是一个可作榜样的伟大人格，古今所罕有的。你看那段文中——其实是首好诗——他从鄂尔迦河荒野的静穆里，从月夜难民宿处的沉默里，感觉到西方物质生活之浅狭，感觉到科学知识所窥测之浅狭，他原来灵敏的感觉，更从这伟大消息的分光镜里，翻成无数的彩色；连风里传来俄民的乐音，也在他心里产生了一种可怖责问的隐痛——这是何等境界哟！他见了中国不失天真的生活，仿佛在海洋里遭风的船，盼到

徐志摩解读名人

了个停泊的所在,他那时滴下来的泪,迸出来的热泪,才是替欧洲文明清还宿欠呢!

在这里就有人说:他原来是对欧洲文明的反动,他的崇拜中国,多半是感情作用,处处言过其实,并且他在中国日子很少,如何会得了解。不错,是反动;但他所厌恶的,却并非欧化的全体——那便成了意气作用——而是工业文明资本制度所产生的恶现象;他的崇拜中国,也并非因为中国刚巧是欧化的反面,而的确是由贯彻的理智和真挚的情感,交互而产生的一种真纯信仰,对于种种文明文化背后的生命自身更真确的觉悟与认识。我现在敢说这话,因为我自己也是过来人;我当初何尝不疑心他是感情的反动,借东方来发泄他自己的牢骚,但我此次回来看了印度人和中国人的生活,从对照里看出欧美生活之伪之浮之险,不由得我不信罗素感情之真切。我们千万不要单凭着生长在中国的事实,就自以为对于中国当然有正确的见解。大多数人连他自己都不认识,何况生活本体呢! 至于那班青年会脑筋的论调,尤其在门外的门外了。

但罗素虽则从游俄国游中国感觉到人类的运命,生活的消息,人道的范围,他却并莫有十分明了中国文化及生活何以会形成现在这个样子。他第一就不了解孔子的影响,他书里老实说他对于繁文缛节的孔子莫有多大感情;第二他以为中国的好处,老庄很负责任,他就很想利用老庄来补添他原有无治主义倾向的思想(他书开篇就引庄子浑沌凿七窍而死的话)。虽他不知道中国人生活之所以能乐天自然,气概之所以宏大,不趋极端好平和的精神,完全还是孔子一家的思想,而老庄之影响于思想惯习,其实是不可为训。

在"中国人的品格"那一章里,他又说起中国人的三大毛病,一贪,二忍,三懦。这三点刚巧是智仁勇的反面,却是孔家理想生活不实现的一个证据。现在我国正当文艺复兴,我们要知道罗素先生正在伸长了头颈,盼望我们新青年的潮流中,涌出无量数理想的人格,来创造新中华的文明的哩!他说我们只要有真领袖,看清楚新文化方向,想像到所要的新文化的模样,一致向创造方面努力,种种芝麻零碎什么政治经济的困难就都绝对不成问题。我们要知道盲目的改良政治危险;盲目的发展工商危险;盲目的发展教育也是危险:我们千万不要拿造成文化的大事业,托付在有善意而无理想力的先生们手里!

十一月十七日南京成贤学舍

载北京《晨报副镌》1922 年 12 月 3 日

徐志摩解读名人

罗素又来说话了

一

每次我念罗素的著作或是记起他的声音笑貌，我就联想起纽约城，尤其是吴尔吴斯五十八层的高楼。他们好像是二十世纪的两个敌对的象征，——罗素先生与五十八层的高楼。罗素的思想言论，仿佛是夏天海上的黄昏，紫黑云中不时有金蛇似的电火在冷酷地料峭地猛闪，骇人的电闪，在你的头顶眼前隐现！

矗入云际的高楼，不危险吗？一半个的霹雳，便可将他锤成粉屑——震的赫真江边的青林绿草都兢兢的摇动！但是不然！电火尽闪着，霹雳却始终不到，高楼依旧在层云中矗着，纯金的电光，只是照出他的傲慢，增加他的辉煌！

罗素最近在他一篇论文叫做:《余闲与机械主义》(见 Dial, For August,1923)，又放射了一次他智力的电闪，威吓那五十八层的高楼。

我们是踮起脚跟，在旁边看热闹的人;我们感到电闪之迅与光与劲,亦看见高楼之牢固与倔强。

二

一二百年前,法国有一个怪人,名叫凡尔太的,他是罗素的前身,罗素是他的后影,他当时也同罗素在今日一样,放射了最敏锐的智力的光电,威吓当时的制度习惯,当时的五十八层高楼。他放了半世纪冷酷的,料峭的闪电,结成一个大霹雳,到一七八九那年,把全欧的政治,连着比士梯亚的大牢城,一起的打成粉屑。罗素还有一个前身,这个是他同种的,就是大诗人雪莱的丈人,著《女权论》的吴尔顿克辣夫脱的丈夫,威廉古德温,他也是个崇拜智力,崇拜理性的,他也凭着智理的神光,抨击英国当时的制度习惯。他是近代各种社会主义的一个始祖,他的霹雳,虽则没有法国革命那个的猛烈,却也打翻了不少的偶像,打倒了不少的高楼。

罗素的霹雳,要到什么时候才能轰出,不是容易可以按定的;但这不住的闪电,至少证明空中涵有蒸热的闷气,迟早总得有个发泄,疾电暴雨的种子,已经满布在云中。

三

他近年来最厌恶的对象,最要轰成粉屑的东西,是近代文明所产生的一种特别现象,与这现象所养成的一种特别心理。不错,他对于所谓西方文明,有极严重的抗议;但他却不是印度的甘地,他只反对部分,不反对全体。

他依然是未能忘情的,虽则他奖励中国人的懒惰,赞叹中国人的懦怯,慕羡中国人的穷苦——他未能忘情于欧洲真正的文化。"我愿意到中国去做一个穷苦的农夫,吃粗米,穿布衣,不愿意在欧美的文明社会里,做卖灵魂,吃人肉的事业。"这样的意思,他表示过好几次。但研究数理,大胆的批评人类;却不是卖灵魂,更不是吃人肉;所以罗素虽则爱极了中国,却还愿意留在欧洲,保存他:Honorable 的高贵,这并不算言行的不一致,除非我们故意的讲蛮不讲理。

When I am tempted to wish the human race wiped out by some passing comet I think of scientific knowledge and of art; those two things seem to make our existence not wholly futile.

四

罗素先生经过了这几年红尘的生活——在战时主张和平;反抗战争;与执政者斗,与群众斗,与癫狂的心理斗,失败,屈辱,褫夺教职,坐监,讲社会主义,赞扬苏维埃革命,入劳工党,游鲍尔雪微克之邦,离婚,游中国,回英国,再结婚,生子,卖文为生——他对他人生的观察与揣摩,已经到了似乎成熟的(所以平和的)结论。

他对于人生并不失望;人类并不是根本要不得的,也并不是无可救度的。而且救度的方法,决计是平和的,不是暴烈的:暴烈只能产生暴烈。他看来人生本来是铄亮的镜子,现在就只被灰尘盖住了;所以我们只要说擦了灰尘,人生便可回复光明的。

他以为只要有四个基本条件之存在,人生便是光明的。

第一是生命的乐趣——天然的幸福。

第二是友谊的情感。

第三是爱美与欣赏艺术的能力。

第四是爱纯粹的学问与知识。

这四个条件只要能推及平民——他相信是可以普遍的——天下就会太平,人生就有颜色。

五

怎样可以得到生命的乐趣?他答,所有人生的现象本来是欣喜的,不
是愁苦的;只有妨碍幸福的原因存在时,生命方始失去他本有的活泼的
韵节。小猫追赶她自己的尾巴,鹊之噪,水之流,松鼠与野兔在青草中征
逐:自然界与生物界只是一个整个的欢喜。人类亦不是例外;街上褴褛的
小孩,那一个不是快乐的。人生种种苦痛的原因,是人为的,不是天然的;
可移去的,不是生根的;痛苦是不自然的现象。只要彰明的与潜伏的原始
本能,能有相当的满足与调和,生活便不至于发生变态。社会的制度是负
责任的。从前的学者论政治或论社会,亦未尝不假定一分心理的基础;但
心理学是个最较发达的科学,功利主义的心理假定是过于浅陋,犹之马
克思派的心理假定是错误的。近代心理学尤其是心理分析对于社会科学
最大的贡献,就在证明人是根本的自私的动物。利他主义者只见了个表
面,所以利他主义的伦理只能强人作伪,不能使人自然的为善。几个大宗
教成功的秘密,就在认明这重要的一点:耶稣教说你行善你的灵魂便可
升天;佛教说你修行结果你可证菩提;道教说你保全你精气神你可成仙。
什么事都没有自己实在的利益澈底;什么事都起源于自觉的或不自觉的
利己的动机。但同时人又是善于假借的;他往往穿着极体面的衣裳,掩盖
他丑陋的原形。现在的新心理学,仿佛是一座照妖镜;不论芭蕉裹的怎样
的紧结,他总耐心的去剥。现在虽然剥近,也许竟已剥到了蕉心了。

所以,人类是利己的,这实在是现代政治家与社会改良家所最应
认明与认定的。这个真理的暴露,并不有损人类的尊严,如其还有人未
能忘情于此;并且亦不妨碍全社会享受和平与幸福的实现。认明了事

17

实与实在,就不怕没有办法,危险就在隐匿或诡辩实在与事实。病人讳病时,便有良医也是无法可施的。现代与往代的分别,就在自觉与非自觉;社会科学的希望,就在发现从前所忽略的,误解的,或隐秘的病候。理清了病情,开明了脉案,然后可以盼望对症的药方;否则,即使有偶逢的侥幸,决不能祛除病根的。

六

实际的说,身体的健康当然是生命的乐趣的第一个条件;有病的与肝旺的人,当然不能领略生命自然的意味。所以体育是重要的。但这重要也是相对的,我们如其侧重了躯体,也许因而妨碍智力的发展,像我们几个专诚尊崇运动学校的产品,蔡子民先生曾经说到过,也是危险的。肌肉与脑筋,应受同等的注意。如男女都有了最低限制的健康,自然的幸福便有了基础,此外只要社会制度有相当的宽紧性,不阻碍男女个人本能相当的满足,消极的不使发生压迫状态致有变态与反常之产生。工作是不可免的,但相当的余闲也是必要的;罗素以为将来的社会不容不工作的份子,亦不容偏重的工作,据经济学家计算,每人每日只需三四小时工作,社会即可充裕的过去,现有的生产率,一半是原因于竞争制度的糜费。

七

工业主义的一个大目标是“成功”(Success),本质是竞争,竞争所要求的是“捷效”(Efficiency)。成功,竞争,捷效,所合成的心理或人生观,便是造成工业主义,日趋自杀现象,使人道日趋机械化的原因。我们要回复生命的自然与乐趣,只有一个方法,就在打破经济社会竞争的基础,消灭成功与捷效的迷信——简言之,切近我们中国自身的问题说,就在排斥太平洋那岸过来的主义,与青年会所代表的道德。我前天会见一个有名的报馆经理,他说,报的事情,如其你要办他个发达,真不是人做的事! 又有一个忠慎勤劳的银行经理,与一个忠慎劳勤的纱厂经理,也同声的说生意真不是人做的,整天的忙不算,晚上梦里的心思都不得个安稳,究竟为的是什么,我们自己都不知道。这是实情。竞争的商业社会,只是萧伯讷所谓零卖灵魂的市场。我们快快的回头,也许可以超脱;再不要迷信开纱厂。比如说,发大财——要知道蕴藻浜华丽宏大的大中华的烟囱,已经好几时不出烟。我们与其崇拜新近死的北岩公爵(他最大的功绩,就在造成同类相残的心理,摧残了数百万的生灵,他却取得了威望与金钱与不朽的荣誉)与美国的十大富豪,不如去听聂云台先生的忏悔谈,去请他演说托尔斯泰与甘地的真谛吧!

八

罗素说他自从看过中国以后,他才觉悟"累进"(Progress)与"捷效"的信仰是近代西方的大不幸。他也悟到固定的社会的好处——这是进步的反面——与情性,或懒惰主义的妙处——这是捷效的反面。他说:"I have hopes of laziness as a gospel ."

懒惰是济世的福音! 我们知道罗素所谓"懒惰"的反面不是我们农业社会之所谓勤——私人治己治家的勤是美德,永远应受奖励的——而是现代机械式的工商社会所产生无谓的慌忙与扰攘,灭绝性灵的慌忙与扰攘。这就是说,现代的社会趋向于侵蚀,终于完全剥夺合理的人生应有的余闲,这是极大的危险与悲惨。劳力的工人不必说,就是中等社会,亦都在这不幸的旋涡中急转。罗素以为,譬如就英国说,中级社会之顽,愚,嫉妒,偏执,迷信,劳工社会之残忍,愚暗,酗酒的习惯,等等,都是生活的状态失了自然的和谐的结果。

九

所以现代社会的状况,与生命自然的乐趣,是根本不能相容的。友谊的情感,是人与人,或国与国相处的必需原素,而竞争主义又是阻碍真纯同情心发展的原因。又次,譬如爱美的风尚,与普遍的艺术的欣赏,例如当年雅典或初期的罗马曾经实现过的,又不是工商社会所能容恕的。从前的技士与工人,对于他们自己独出心裁所造成的作品,有亲切真纯的兴趣;但现在伺候机器的工作,只能僵瘪人的心灵,决不能奖励创作的本能。我们只要想起英国的孟骞斯德,利物浦;美国的芝加哥,毕次保格,纽约,中国的上海,天津;就知道工业主义只能孕育丑恶,庸俗,龌龊,罪恶,嚣隘,高烟囱与大腹贾。

又次,我们常以为科学与工业文明有不可分离的关系。是的,关系是有的;但却不是不可分离的。没有科学,就没有现代的文明;但科学有两种意义,我们应得认明:一是纯粹的科学,例如自然现象的研究,这是人类凭着智力与耐心积累所得的,罗素所谓"The most god—like thing that men can do"。一是科学的应用,这才是工业文明的主因。真纯的科学家,只有纯粹的知识是他的对象,他绝对不是功利主义的,绝对不问他所寻求与人生有何实际的关系。孟代尔(Mendel)当初在他清静的寺院培养他的豆苗，何尝想到今日农畜资本家的利用他的发明？法蓝岱(Faraday)与麦克士惠尔(Maxwell)亦何尝想到现代的电气事业？

当初的先生们，竭尽他们一生精力，开拓人类知识的疆土，何尝料想到，照现在的状况看来，他们到似乎变了人类的罪人；因为应用科学的成绩，就只(一)倍增了货物的产品，促成资本主义之集中；(二)制造杀人的利器，奖励同类自残的劣性；(三)设备机械性的娱乐，却掩没了美术的本能。我们再看，应用科学最发达的所在是美国，资本主义最不易摇动的所在，是美国；纯粹科学最不发达的，亦是美国：他们现在所利用的科学的发现，都不是美国人的成绩。所以功利主义的倾向，最是不利于少数的聪明才智，寻求纯粹智识的努力。我们中国近来很讨论科学是否人生的福音，一般人竟有误科学为实际的工商业，以为我们若然反抗工业主义，即是反对科学本体，这是错误的。科学无非是有系统的学术与思想，这如何可以排斥；至于反抗机械主义与提高精神生活，却又是一件事了。

所以合理的人生，应有的几种原素——自然的幸福，友谊的情感，爱美与创作的奖励，纯粹知识——科学——的寻求——都是与机械式的社会状况根本不能并存的。除非转变机械主义的倾向，人生很难有希望。

十

这是我们也都看得分明的；我们亦未尝不想转变方向，但却从那里做起呢？这才是难处。罗素先生却并不悲观。他以为这是个心理——伦理的问题。旧式的伦理，分别善恶与是非的，大都不曾认明心理的实

21

徐志摩解读名人

在,而且往往侧重个人的。罗素的主张,就在认明心理的实在,而以社会的利与弊,为判定行为善恶的标准。罗素看来,人的行为只是习惯,无所谓先天的善与恶。凡是趋向于产生好社会的习惯,不论是心的或是体的,就是善;反之,产生劣社会的习惯,就是恶。罗素所谓好的社会,就是上面讲的具有四种条件的社会;他所谓劣社会就是反面,因本能压迫而生的苦痛(替代自然的快乐),恨与嫉忌(替代友谊与同情);庸俗少创作,不知爱美,与心智的好奇心之薄弱。要奖励有利全体的习惯,可以利用新心理学的发现。我们既然明白了人是根本自私自利的,就可以利用人们爱夸奖恶责罚的心理,造成一种绝对的道德(Positive Morality),就是某种的行为应受奖掖,某种的行为应受责辱。但只是折衷于社会的利益,而不是先天的假定某种行为为善,某种行为为恶。从前台湾土人有一种风俗:一个男子想要娶妻,至少须杀下一个人头,带到结婚场上;我们文明社会奖励同类自残,叫做勇敢,算是美德,岂非一样可笑?

这样以结果判别行为的伦理,就性质说,与边沁及穆勒父子所代表的伦理学,无甚分别;罗素自己亦说他的主张并不是新奇的,不过不论怎样平常的一个原则,若然全社会认定了他的重要,着力的实行去,就会发生可惊的功效。以公众的利益判别行为之善恶:这个原则一定,我们的教育,刑律,我们奖与责的标准,当然就有极重要的转变。

十一

归根的说,现有的工业主义,机械主义,竞争制度,与这些现象所造成的迷信心理与习惯,都是我们理想社会的仇敌,合理的人生的障碍。现在,就中国说,唯一的希望,就在领袖社会的人,早早的觉悟,利用他们表率的地位,排斥外来的引诱,转变自杀的方向,否则前途只是黑暗与陷阱。罗素说中国人比较的入魔道最浅,在地面上可算是最有希望的民族。他说这话,是在故意的打诨,哄骗我们呢,还是的确是他观察现代文明的真知灼见?——但吴稚晖先生曾叮嘱我们,说罗素只当我们是小孩子,他是个大滑头骗子!

载上海《东方杂志》第 20 卷第 23 期(1923 年 12 月 10 日)

徐志摩解读名人

罗素与幼稚教育

我去年七月初到康华尔(Cornwall, 英伦最南一省)去看罗素夫妇。他们住在离潘让市九英里沿海设无线电台处的一个小村落，望得见"地角"(Land's End)的"壁虎"尖突出在大西洋里，那是英伦岛最南的一点，康华尔沿海的"红岩"(Red Cliffs) 是有名的，但我在那一带见着的却远没有想像中的红岩的壮艳。因为热流故，这沿海一带的气候几乎接近热带性，听说冬天是极难得见冰雪的。这地段却颇露荒凉的景象，不比中部的一片平芜，树木也不多，荒草地里只见起伏的巨牛；滨海尤其是硗硗的岩地，有地方壁立万仞，下瞰白羽的海鸟在汹涌的海涛间出没。罗素的家，一所浅灰色方形的三层楼屋，有矮墙围着，屋后身凸出一小方的两廊，两根廊柱是黄漆的，算是纪念中国的意思，——是矗峙在一片荒原的中间，远望去这浅嫩的颜色与呆木的神情，使你想起十八世纪趣剧中的村姑子，发上歇着一只怪鸟似的缎结，手叉着腰，直挺挺的站着发愣。屋子后面是一块草地，一边是门，一边抄过去满种着各色的草花，不下二三十种；在一个墙角里他们打算造一爿中国凉亭式的小台，我当时给写了一块好像"听风"还不知"□风"的扁题，现在想早该造得了。这小小的家园是我们的哲学家教育他的新爱弥儿的场地。

罗素那天赶了一个破汽车到潘让市车站上来接我的时候，我差一点不认识他。简直是一个乡下人！一顶草帽子是开花的，褂子是烂的，领带，如其有，是像一根稻草在胸前飘着，鞋，不用说，当然有资格与贾波林的那双拜弟兄！他手里擒着一只深酱色的烟斗，调和他的皮肤的颜色。但他那一双眼，多敏锐，多集中，多光亮——乡下人的外廓掩不住哲学家的灵智！

那天是礼拜，我从 Exeter 下去就只这趟奇慢的车。罗素先生开口就是警句，他说"萨拜司的休息日是耶稣教与工团联合会的唯一共同信条"！车到了门前，那边过来一个光着"脚鸭子"手提着浴布的女人，肤色叫太阳晒得比罗素的更紫酱，笑著招呼我，可不是勃兰克女士，现在的罗素夫人，我怎么也认不出来，要是她不笑不开口。进门去他们给介绍他们的一对小宝贝，大的是男，四岁，有一个中国名子叫金铃，小的是女，叫恺弟。我问他们为什么到这极南地方来做隐士，罗素说一来为要静心写书，二来(这是更重要的理由)为顾管他们两小孩子的德育("to look after the moral education of our Kids")。

我在他们家住了两晚。听罗素谈话正比是看德国烟火，种种眩目的神奇，不可思议的在半空里爆发，一胎孕一胎的，一彩绚一彩的，不由你不讶异，不由你不欢喜。但我不来追记他的谈话，那困难就比是想描写空中的银花火树；我此时想起的就只我当时眼见他的所谓"看顾孩子们的德育"的一斑。这讲过了，下回再讲他新出论教育的书——

On Education: Especially in Early Childhood, by Bertrand Russell, Published: London, George Allen and Unwin.

25

　　金铃与恺弟有他们的保姆,有他们的奶房(Nursery),白天他们爹妈工作的时候保姆领着他们。每餐后他们照例到屋背后草地上玩,骑木马,弄熊,看花,跑,这时候他们的爹妈总来参加他们的游戏。有人说大人物都是有孩子气的,这话许有一部分近情。有一次我在威尔思家看他跟他的两个孩子在一间"仓间"里打"行军球"玩,他那高兴真使人看了诧异,简直是一个孩子——跑,踢,抢,争,笑,嚷,算输赢,一双晶亮的小蓝眼珠里活跃着不可抑遏的快活,满脸红红的亮着汗光,气呼呼的一点也不放过,正如一个活泼的孩子,谁想到他是年近六十"在英语国里最伟大的一个智力"(法郎士评语)的一个作者!罗素也是的,虽则他没有威尔思那样澈底的忘形,也许是为他孩子还太小不够合伙玩的缘故。这身体上(不止思想上与心情上)不失童真,在我看是西方文化成功的一个大秘密;回想我们十六字联"蠢蠢老成,尸居余气;翩翩年少,弱不禁风"的汉族,不由得脊背里不打寒噤。

　　我们全站在草地上。罗素对大孩子说,来,我们练习。他手抓住了一双小手,口唱着"我们到桑园里去,我们到桑园里去"那个儿歌,提空了小身子一高一低的打旋。同时恺弟那不满三岁的就去找妈给她一个同哥哥一样。再来就骑马,爸爸做马头,妈妈做马尾巴,两孩夹在中间做马身子,得儿儿跑,得儿儿跑,绕着草地跑个气喘才住。有一次兄妹俩抢骑木马,闹了,爸爸过去说约翰(男的名)你先来,来过了让妹妹,恺弟就一边站着等轮着她。但约翰来过了还不肯让,恺弟要哭了,爸妈吩咐他也不听,这回老哲学家恼了,一把拿他合仆着抱了起来往屋子里跑,约翰就哭,听他们上楼去了。但等不到五分钟,父子俩携着手笑吟吟的走了出来,再也不闹了。

　　妈叫约翰领徐先生看花去,这真太可爱了,园里花不止三十种,惭愧我这老大认不到三种，四岁的约翰却没一样不知名，并且很多种还是他小手亲自栽的，看着他最爱的他就蹲下去摸摸亲亲，他还知道各类花开的迟早，那几样蝴蝶们顶喜欢，那几样开顶茂盛，他全知道，他得意极了。恺弟虽则走路还勉强，她也来学样，轻轻的摸摸嗅嗅，那神气太好玩了。

吃茶的时候孩子们也下来。约翰捧了一本大书来，那是他的，给客人看。书里是各地不同的火车头，他每样讲给我听：这绿的是南非洲从那里到那里的，这长的是加拿大那里的，这黄的是伦敦带我们到潘让市来的，到那一站换车，这是过西伯利亚到中国去的，爸爸妈妈顶喜欢的中国，约翰大起来一定得去看长城吃大鸭子；这是横穿美洲过落机山的，过多少山洞，顶长的有多长——喔，约翰全知道，一看就认识！罗素说他不仅认识知道火车，他还知道轮船，他认好几十个大轮船，知道它们走的航线，从那里到那里——他的地理知识早就超过他保姆的，这学全是诱着他好奇的本能，渐渐由他自己一道一道摸出来的；现在你可以问他从伦敦到上海，或是由西特尼到利物浦，或是更复杂些的航路，他都可以从地图上指给你看，过什么地方，有什么好东西看好东西吃，他全知道！

但最使我受深印的是这一件事。罗素告诉我他们早到时，约翰还不满三岁，他们到海里去洗澡，他还是初次见海，他觉着怕，要他进水去他哭，这一来我们的哲学家发恼了："什么，罗素的儿子可以怕什么的！可以见什么觉著胆怯的！那不成！"他们夫妻俩简直把不满三岁的儿子，不管他哭闹，一把掀进了海里去，来了一回再来，尽他哭！好，过了三五天，你不叫他进水去玩他都不依一定要去了！现在他进海水去就比在平地上走一样的不以为奇了。东方做父母的一定不能下这样手

27

段不是？我也懂得，但勇敢，胆力，无畏的精神，是一切德性的起原，品格的基础，这地方决不可含糊；别的都还可以，懦怯，怕，是不成的，这一关你不趁早替他打破，你竟许会害了他一辈子的。罗素每回说勇敢(Courage)这字时，他声音来得特别的沈着，他眼里光异样的闪亮，竟仿佛这是他的宗教的第一个信条，做人唯一的凭证！

我们谁没有做过小孩子？我们常听说孩子时代是人生最乐的时光。孩子是一片天真没有烦恼，没有忧虑，一天只知道玩，肢体是灵活的，精神是活泼的。有父母的孩子尤其是享福，谁家父母不疼爱孩子，家里添了一个男的，屋子里顶奥僻的基角都会叫喜气的光彩给照亮了的。谁不想回去再过一道蜜甜的孩子生活，在妈的软兜里窝着，问爹要果子糖吃，晚上睡的时候有人替你换衣服，低低的唱着歌哄你闭上眼，做你蜜甜的小梦去？年岁是烦恼，年岁是苦恼，年岁是懊恼：咒它的，为什么亮亮的童心一定得叫人事的知识给涂开了的？我们要老是那七八十来岁，永远不长成，永远有爹娘疼着我们；比如那林子里的莺儿，永远在欢欣的歌声中自醉，永远不知道 The weariness, the fever, and the fret here, where men sit and hear each other groan...那够多美！

这是我们理想中的孩子时代，我们每回觉得吃不住生活的负担时，往往惆怅光阴太匆匆的卷走了我们那一段最耐寻味的痕迹。但我们不要太受诗人们的催眠了，既然过去的已经是过去；我们知道有意识的人生自有它的尊严，我们经受的烦恼与痛苦，只要我们能受得住不叫它们压倒，也自有它们的意义与价值。过分耽想做孩子时轻易的日子，只是泄漏你对人生欠缺认识，犹之过分伤悼老年同一种知识上的浅陋，不，我们得把人生看成一个整的：正如树木有根有干有枝叶与花果,完全的一生当然得具备童年与壮年与老年三个时期:童年是播种与栽培期,壮年是开花成荫期,老年是结果收成期。童年期的重要,正在它是一个伟大的未来工作的预备,这部工夫做不认真不透彻时将来的花果就得代付这笔价钱:——

The child is father of the Man.

真的我们狠少自省到我们一生的缺陷,意志缺乏坚定,身体与心智不够健全,种种习惯的障碍使我们随时不自觉的走上堕落的方向,这里面有多少情形是可以追源到我们当初栽培与营养时期的忽略与过失。根心里的病伤难治;在弁髦时代种下的斑点,可以到斑白的毛发上去寻痕迹,在这里因果的铁律是丝毫不松放的。并且我们说的孩子时期还不单指早年时狭义的教育,实际上一个人品格的养成是在六岁以前,不是以后;这里说的孩子期可以说是从在娘胎时起到学龄期止的径程——别看那初出娘胎黄毛吐沫的小团团正如小猫小狗似的不懂事,它那官感开始活动的时辰就是它来人生这学校上学的凭证。不,胎教家还得进一步主张做父母的在怀胎期内就该开始检点他们自身的作为,开始担负他们养育的责任。这道理是对的;正如在地面上仅透乃至未透一点青芽的花木,不自主的感受风露的影响,禀承父母气血的胎儿当然也同样可以吸收他们思想与行为的气息,不论怎样的微细。

但孩子他自己是无能力的,这责任当然完全落在做父母的与及其他管理人的身上。但我们一方面看了现代没有具备做父母资格的男女们尽自机械性的活动着他们生产的本能,没遮拦的替社会增加废物乃至毒性物的负担,无顾恋的糟蹋血肉与灵性——我们不能不觉着怕惧与忧心;再一方面我们又见着应分有资格的父母们因为缺乏相当的知识，或是缺乏打破不良习惯的勇气，不替他们的儿女准备下适当的环境，不给他们适当的营养，结果上好的材料至少不免遭受部分的残废——我们又不能不觉着可惜与可怜。因为养育儿女，就算单顾身体一事，仅仅凭一点本能的爱心还是不够的；要期望一个完全的儿童，我们得先假定一双完全的父母，身体，知识，思想，一般的重要。人类因为文明的结果，就这躯体的组织也比一切生物更复杂，更柔纤，更不易培养；它那受病的机会以及病的种类也比别的动物，差得远了远。因此在猫狗牛马是一个不成问题的现象，在今日的人类就变了最费周章的问题了。

带一个生灵到世界上来，养育一个孩子成人，做父母的责任够多重大；但实际上做父母的——尤其是我们中国人——够多糊涂！中国民族是叫"不孝有三，无后为大"一句话给咒定了的；"生儿子"是人生第一件大事情。多少的罪恶，什么丑恶的家庭现象，都是从这上头发生出来的。影响到个人，影响到社会，同样的不健康。摘下来的果子，比方说，全是这半青不熟的，毛刺刺的一张皮包着松松的一个核，上口是一味苦涩，做酱都嫌单薄，难怪结果是十六字的大联"蟠蟠老成，尸居余气；翩翩年少，弱不禁风"！尤其是所谓"士"的阶级，那应分是社会的核心，最受儒家"孝"说的流毒，一代促一代的酿成世界上唯一的弱种；谁说今日中国社会发生病态与离心涣散的现象(原先闭关时代不与外族竞争所以病象不能自见，虽则这病根已有几千年的老)不能归咎到我们最荒谬的"唯生男主义"？先人所以是弱定了的，后天又没有补救的力量；中国人管孩子还不是绝无知识绝对迷信固执恶习的老妈子们的专门任务？管孩子是阃以内的事情，丈夫们管不着，除了出名请三朝满月周岁或是孩子死了出名报丧！家庭又是我们民族恶劣根性的结晶，比牢狱还来得惨酷,黑暗,比猪圈还来得不讲卫生;但这是我们小安琪们命定长大的环境,什么奇才异禀敌得过这重重"反生命"的势力?这情形想起都叫人发抖! 我不是说我们的父母就没有人性,不爱惜他们子女;不,实际上我们是爱得太过了。但不幸天下事情单凭原始的感情是万万不够的,何况中国人所谓爱儿子的爱的背后还耽着一个不可说的最自私的动机——"传种":有了儿子盼孙子,有了孙子望曾孙,管他是生疮生癣,做贼做强盗,只要到年纪娶媳妇传种就得! 生育与繁殖固然是造物的旨意,但人类的尊严就在能用心的力量超出自然法的范围,另创一种别的生物所不能的生活概念,像我们这样原始性的人生观不是太挖苦了吗? 就为我们生子女的唯一目标是为替祖先传命脉,所以儿童本身的利益是绝对没有地位的。喔,我知道你要驳我说中国人家何尝不想栽培子弟,要他有出息。"有出息",是的! 旧的人家想子弟做官发财;新的人家想子弟发财做官(现在因为欠薪的悲惨,做父母的渐渐觉得做官是乏味的,除了做兵官,那是一种新的行业),动机还不是一样为要满足老朽们的虚荣与实惠,有几家父母曾经替子弟们自身做人的使命(非功利的)费一半分钟的考量踌躇? 再没有一种反嘲(爱伦内)能比说"中国是精神文明"来得更恶毒,更鲜艳,更深刻! 我们现在有人已经学会了嘲笑英国维多利亚时代所代表的理想与习俗。呒,这也是爱伦内;我们的开化程度正还远不如那所谓"菲力士挺"哪! 我们从这近几十年来的经验,至少得了一个教训,就是新的绝对不能与旧的妥协,正如科学不能妥协迷信,真理不能妥协错误。我们革新的工作得从根底做起;一切的价值得重新估定,生活的基本观念得重新确定,一切教育的方针得按照前者重新筹画——否则我们的民族就没有更新的希望。

是的,希望就在教育。但教育是一个最泛的泛词,重要的核心就在教育的目标是什么。古代斯巴达奖励儿童做贼,为的是要造成做间谍的技巧;中世纪的教会是为训练教会的奴隶;近代帝国主义的教育是为侵略弱小民族;中国人旧式的教育是为维持懒惰的生活。但西方的教育,虽则自有它的错误与荒谬情形,但它对于人的个性总还有相当的尊敬与计算,这是不容否认的。所以我们当前第一个观念得确定的是人是个人,他对他自身的生命负有直接的责任;人的生命不是一种工具,可以供当权阶级任意的利用与支配。教育的问题是在怎样帮助一个受教育人合理的做人。在这里我们得假定几个重要的前提:(一)人是可以为善的,(二)合理的生活是可能的,(三)教育是有造成品格的力量的。我在这篇里说的教育几乎是限于养成品格一义,因为灌输智识只是极狭义的教育并且是一个实际问题,比较的明显单简。近代关于人生学科的进步,给了我们在教育上狠多的发见与启示,一点是使我们对于儿童教育特别注意,因为品格的养成期最重要的是在孩子出娘胎到学龄年的期间。在人类的智力还不能实现"优生"的理想以前,我们只能尽我们教育的能力引导孩子们逼近准备"理想人"的方向走去。这才真是革命的工作——革除人类已成乃至防范未成的恶劣根性,指望实现一个合理的群体生活的将来。手把着革命权威的不是散传单的学生,不是有枪弹的大兵,也不是讲道的牧师或讲学的教师;他们是有子女的父母:在孩子们学语学步吃奶玩耍最不关紧要的日常生活间,我们期望真正革命工作的活动!

关于这革命工作的性质,原则,以及实行的方法,罗素在他新出《论教育》的书里给了我们极大的光亮与希望。那本书听说陈宝锷先生已经着手翻译,那是一个极好的消息,我们盼望那书得到最大可能的宣传，真爱子女的父母们都应得接近那书里的智慧，因为在适当的儿童教育里隐有改造社会最不可错误的消息。我下次也许再续写一篇，略述罗素那本书的大意与我自己的感想。

附：罗素原书，北京饭店法文图书馆新到多册。

载北京《晨报副刊》1926 年 5 月 10、12 日

徐志摩解读名人

评韦尔思之游俄记[①]

　　吾论罗素游俄文既多唐突，又涉傀薄。其实吾固未尝评罗氏之记载，亦未论罗氏之理想；吾独揭罗氏先后对俄态度之矛盾以为不按事实一任情感者引戒耳。罗书佳处俱在，今译文已塞市，更不烦复说。今吾欲言者乃在比较罗氏与韦尔思。

　　韦尔思"今世著作界之王"也。其新书《世界史》，雄才大笔，网罗百家之言，都三四十万言，其初属稿距出版才寒暑一周耳。书既成，韦氏游俄。既归亦为文纪其所见闻(共五篇，按登伦敦之 Sunday Express)，使吾以哲学界之后许罗素，则仅此著作界之王差可与抗衡乎。

　　罗与韦皆留俄十余日。罗氏赖翻译，韦氏亦赖翻译。罗氏见蓝宁而浅之，韦尔思亦见蓝宁而嘲之。罗氏言高干(Maxim Gorki)大病且死，而恐俄之光明随与俱寂。韦氏闻之而惊，入俄即探高干，高干未死，高干无恙；高干壮硕如十五年前(韦氏初见之)；高干为狂俄之砥柱；高干救科学，高干挽文艺，高干奖美术；微高干则俄之文明其逝矣。罗氏见高干居穷窭(高干仅身上破衣一袭耳)困床苦咳，遽哗言其将死。哗言幸不

---

① 韦尔思：H. G. Wells，今译韦尔斯。

中:韦氏喜,高干亦自喜,举天下爱高干爱俄之文明者盖无不喜也。

韦氏写苏俄,韦氏实绘苏俄;盖无一语无精神,无一语无彩色也。韦氏状苏俄之穷之衰之败之荒之枯之惨之难之憔悴之不幸,极矣,蔑以加矣。

然则韦氏亦诛"鲍雪维几"乎?韦氏亦毁"苏维埃"法乎?韦氏亦詈"共产囚"乎?此皆读者所欲得而知也。

韦氏未赴俄,未尝言俄事(按作者所知)。韦氏未尝同情红党。韦氏未尝主共产。韦氏既临俄乃言俄事。

韦氏既状苏俄之苦难,断曰:"读者得毋以此颠连荒颓之现象为'鲍雪维几'所赐欤?否,否!吾不云然。……此荒毁之庞俄初非一已成之。广厦而为外力所倾残,其为制也自生而自灭。建此大而无当之钜城者,非共产主义也,资本制度实为之。纵此伟大之民族人六年筋力疲绝之盲争者,亦非共产制度也,全欧之帝国主义实为之。更令此残窘趣死之人民,缠绕于寇侵叛乱而扼之以封锁之暴者,亦非共产主义也,法之财魔英之'报蠹'实为之。"其结论曰:

一、"俄之文明几殆矣,未尝如是其衰也。如此更阅一稔,则通体且溃。全俄将荡尽,独农村存耳。城市将阗灭,路轨将烂,交通败而天人莫援矣。"

二、"然此非鲍党之咎,亦非共产制之故也。嗟吾读者,非然也,非然也!彼'鲍雪维几主义'实方今唯一之政治,差可挽全俄之倾覆于庶几耳。即使美与列强迅与之援,则其前途犹有望焉。"

三、"是苏维埃政府无经验乏能耐至于极矣。将依共产主义或较和缓之共产主义,重新全俄社会之组织,盖非列国慷慨之协助不为功。"

四、"将致此协助必先与西欧及美通贸易。然鲍党以私人之贸易为盗而产为劫,故可与贸易之团体,独政府自身而已。求此贸易安全而有效,亦唯有以国家为机关,尤莫妙于国际之组织。"

韦氏以墨以炭写俄民之生活而毅然为鲍党卸责任,恳恳以全化育为先而丐列强之援力,何其心宽言深而意长也! 韦氏游苏俄之科学院美术院,而谒全俄之才智。全俄之才智,盖饥如狼,衣履不蔽体,形容枯槁,声音喑哑,执药而试,囊笔而画,操刀而刻,其灵半灭,其心半僵,韦氏游其间,几疑身在狴犴之丛也。韦氏不忍,韦氏动情,故为大声告世人为此人间之菁华乞慈悲也。

韦尔思有雅号曰"人心之美术家"。其气概广如海,其识见明于炬,其鉴别精如神,其估计细于毫,其立言之尺寸分明良可慕也。韦氏言俄败而不言苏俄败。韦氏不喜马克思而不恶马克思之从者。韦氏主张集合主义(Collectivism)而不害俄国之共产主义。韦氏言救俄民,亦言救俄文明。彼既脱寻常"康拉特"(Comrade)之犷气狞态,亦一洗书生教授之执顽浅尝,从容大雅,致足乐哉。

今吾得而结案矣。罗素哲学教授也:其平素支配之材料为方程为数目,其所籀之理论高妙宏辟非俗士所能几。韦尔思小说家也:其平素支配之材料为贵族为平民为大宫为陋巷,为物价为俗尚,为人心之几微,为大千世界之形色。罗素因哲理而及社会问题,悬理想以为鹄;韦尔思甄万象之变幻,以擘治化之微旨。罗氏为科学家,常抑情感而求真理,然一涉意气,即如烟突泉涌蓬生而不已。韦氏为文学家,常纵情感而求文章,及临事理之复凑,转能擘画因果发为谠论。罗氏未赴俄即慕共产制度,悠然以俄土为天国;及一即事实而设想全虚,则心灰意懒,复为和平之劝。韦氏未尝言共产制度而早知俄土之残破,故能雍容探检,郑重文明,反为共产党作辩护,要亦以人道和平为终归。罗氏终是书生,故见难而惧,谆谆以俄辙为戒。韦尔思富常识,知革命之成败,有自然之背景,其来也非劝告所能御,使其无因则虽有大力勿能致,故不为迂说不谈哲理以聪世。

故法国革命,英国不必革命,非英国人不知自由平等友爱也。俄国革命,德国亦革命,一采劳动专制,一采普通选举,非必德国人有爱于红党之仇也。俄国革命,英国不必革命,非必俄国人之政治理想视英人为急进也。使俄以共产而民安之,英留王室而民亦安之,则自有史乘民族殊特之关系,不可得而齐也。就使俄革命一旦完全败灭,非必共产之遂不可复行于他国,亦非必其败亡之原因在于共产制自身之不可行也。天下偾事之多,举二谚足以概之,"削足纳屦"、"因噎废食"是矣。

载上海《改造》杂志第 3 卷第 10 期(1921 年 6 月 15 日)

徐志摩解读名人

曼殊斐尔①

这心灵深处的欢畅，

这情绪境界的壮旷：

任天堂沉沦，地狱开放，

毁不了我内府的宝藏！

———康河晚照即景

美感的记忆，是人生最可珍的产业。认识美的本能，是上帝给我们进天堂的一把秘钥。

有人的性情，例如我自己的，如以气候作喻，不但是阴晴相间，而且常有狂风暴雨，也有最艳丽蓬勃的春光。有时遭逢幻灭，引起厌世的悲观，铅般的重压在心上，比如冬令阴霾，到处冰结，莫有些微生气；那时便怀疑一切：宇宙，人生，自我，都只是幻的妄的；人情，希望，理想，也只是妄的幻的。

Ah, human nature, how,

---

① 曼殊斐尔：Katharine Mansfield，今译曼斯菲尔德。

If utterly frail thou art and vile,

If dust thou art and ashes, is thy heart so great?

If thou art noble in part,

How are thy loftiest and impulses and thoughts

By so ignoble causes kindled and put out?

"Sopra un ritratto di una bella donna."

这几行是最深入的悲观派诗人理巴第(Leopardi)的诗。一座荒坟的墓碑上，刻着冢中人生前美丽的肖像，激起了他这根本的疑问——若说人生是有理可寻的，何以到处只是矛盾的现象；若说美是幻的，何以引起的心灵反动能有如此之深刻；若说美是真的，何以也与常物同归腐朽？但理巴第探海灯似的智力虽则把人间种种事物虚幻的外象，一一给褫剥了，连宗教都剥成了个赤裸的梦，他却没有力量来否认美，美的创现，他只能认为神奇的；他也不能否认高洁的精神恋，虽则他不信女子也能有同样的境界。在感美感恋最纯粹的一刹那间，理巴第不能不承认是极乐天国的消息，不能不承认是生命中最宝贵的经验。所以我每次无聊到极点的时候，在层冰般严封的心河底里，突然涌起一股消融一切的热流，顷刻间消融了厌世的凝晶，消融了烦恼的苦冻：那热流便是感美感恋最纯粹的一俄顷之回忆。

To see a world in a grain of sand,

And a Heaven in a wild flower,

Hold Infinity in the palm of your hand,

And eternity in an hour…

39

徐志摩解读名人

Auguries of Innocence: William Blake

从一颗沙里看出世界，

天堂的消息在一朵野花，

将无限存在你的掌上，

刹那间涵有无穷的边涯……

　　这类神秘性的感觉，当然不是普遍的经验，也不是常有的经验。凡事只讲实际的人，当然嘲讽神秘主义，当然不能相信科学可解释的神经作用，会发生科学所不能解释的神秘感觉。但世上"可为知者道不可与不知者言"的事正多著哩！

　　从前在十六世纪，有一次有一个意大利的牧师学者到英国乡下去，见了一大片盛开的首蓿在阳光中竟同一湖欢舞的黄金，他只惊喜得手足无措，慌忙跪在地上，仰天祷告，感谢上帝的恩典，使他见得这样的美，这样的神景。他这样发疯似的举动，当时一定招起在旁乡下人的哗笑。我这篇要讲的经历，恐怕也有些那牧师狂喜的疯态，但我也深信读者里自有同情的人，所以我也不怕遭乡下人的笑话！

　　去年七月中有一天晚上，天雨地湿，我独自冒著雨在伦敦的海姆司堆特 Hampstead 问路警，问行人，在寻彭德街第十号的屋子。那就是我初次，不幸也是末次，会见曼殊斐尔——"那二十分不死的时间！"——的一晚。

　　我先认识麦雷君 (John Middleton murry)，他是 Athenaeum 的总主笔，诗人，著名评衡家，也是曼殊斐尔一生最后十余年间最密切的伴侣。

　　他和她自一九一三年起，即夫妇相处，但曼殊斐尔却始终用她到英国以后的"笔名"Katharine Mansfield。她生长于纽新兰 (New

Zealand），原名是 Kathleen Beanchamp，是纽新兰银行经理 Sir Harold Beanchamp 的女儿。她十五年前离开了本乡，同着三个小妹子到英国，进伦敦大学皇后学院读书。她从小就以美慧著名，但身体也从小即很怯弱。她曾在德国住过，那时她写她的第一本小说"In a German Pension"。大战期内她在法国的时候多。近几年她也常在瑞士、意大利及法国南部。她常住外国，就为她身体太弱，禁不得英伦雾迷雨苦的天时，麦雷为了伴她，也只得把一部分的事业放弃，（"Athenaeum"之所以并入"London Nation"就为此。）跟着他安琪儿似的爱妻，寻求健康。据说可怜的曼殊斐尔战后得了肺病证明以后，医生明说她不过两三年的寿限，所以麦雷和她相处有限的光阴，真是分秒可数。多见一次夕照，多经一次朝旭，她优昙似的余荣，便也消减了如许的活力，这颇使人想起茶花女一面吐血一面纵酒恣欢时的名句：

"You know I have not long to live,therefore I will live fast! "——你知道我是活不久长的，所以我存心喝他一个痛快！

我正不知道多情的麦雷，眼看这艳丽无双的夕阳，渐渐消翳，心里"爱莫能助"的悲感，浓烈到何等田地！

但曼殊斐尔的"活他一个痛快"的方法，却不是像茶花女的纵酒恣欢，而是在文艺中努力；她像夏夜榆林中的鹃鸟，呕出缕缕的心血来制成无双的情曲，便唱到血枯音嘶，也还不忘她的责任是牺牲自己有限的精力，替自然界多增几分的美，给苦闷的人间几分艺术化精神的安慰。

她心血所凝成的便是两本小说集，一本是"Bliss"，一本是去年出版的"Garden Party"。凭这两部书里的二三十篇小说，她已经在英国的文学界里占了一个很稳固的位置。一般的小说只是小说，她的小说是

41

纯粹的文学，真的艺术；平常的作者只求暂时的流行，博群众的欢迎，她却只想留下几小块"时灰"掩不暗的真晶，只要得少数知音者的赏赞。

但唯其是纯粹的文学，她的著作的光彩是深蕴于内而不是显露于外的，其趣味也须读者用心咀嚼，方能充分的理会。我承作者当面许可选译她的精品，如今她去世，我更应当珍重实行我翻译的特权，虽则我颇怀疑我自己的胜任。我的好友陈通伯他所知道的欧洲文学恐怕在北京比谁都更渊博些，他在北大教短篇小说，曾经讲过曼殊斐尔的，这很使我欢喜。他现在也答应也来选译几篇，我更要感谢他了。关于她短篇艺术的长处，我也希望通伯能有机会说一点。

现在让我讲那晚怎样的会晤曼殊斐尔。早几天我和麦雷在 Charing Cross 背后一家嘈杂的 A. B. C.茶店里，讨论英法文坛的状况，我乘便说起近几年中国文艺复兴的趋向，在小说里感受俄国作者的影响最深，他喜的几于跳了起来，因为他们夫妻最崇拜俄国的几位大家，他曾经特别研究过道施滔庖符斯基，著有一本"Dostoievsky:A Critical Study"，曼殊斐尔又是私淑契诃甫(Tchekhov)的，他们常在抱憾俄国文学始终不曾受英国人相当的注意，因之小说的质与式，还脱不尽维多利亚时期的 Philistinism。我又乘便问起曼殊斐尔的近况，他说她一时身体颇过得去，所以此次敢伴着她回伦敦住两星期，他就给了我他们的住址，请我星期四晚上去会她和他们的朋友。

所以我会见曼殊斐尔，真算是凑巧的凑巧。星期三那天我到惠尔斯(H. G. Wells)乡里的家去了(Easten Glebe)，下一天和他的夫人一同回伦敦，那天雨下得很大，我记得回寓时浑身全淋湿了。

他们在彭德街的寓处，很不容易找(伦敦寻地方总是麻烦的，我恨极了那回街曲巷的伦敦)，后来居然寻着了，一家小小一楼一底的屋子，麦雷出来替我开门，我颇狼狈的拿著雨伞，还拿着一个朋友还我的几卷中国字画。进了门，我脱了雨具，他让我进右首一间屋子，我到那时为止对于曼殊斐尔只是对于一个有名的年轻女子作者的景仰与期望；至于她的"仙姿灵态"我那时绝对没有想到，我以为她只是与 Rose Macaulay,Virginia Woolf,Roma Wilon,Venessa Bell 几位女文学家的同流人物。平常男子文学家与美术家，已经尽够怪僻，近代女子文学家更似乎故意养成怪僻的习惯，最显著的一个通习是装饰之务淡朴，务不入时，务"背女性"；头发是剪了的，又不好好的收拾，一团和糟的散在肩上；袜子永远是粗纱的；鞋上不是沾有泥就是带灰，并且大都是最难看的样式；裙子不是异样的短就是过分的长，眉目间也许有一两圈"天才的黄晕"，或是带着最可厌的美国式龟壳大眼镜，但她们的脸上却从不见脂粉的痕迹，手上装饰亦是永远没有的，至多无非是多烧了香烟的焦痕；哗笑的声音，十次有九次半盖过同座的男子；走起路来也是挺胸凸肚的，再也辨不出是夏娃的后身；开起口来大半是男子不敢出口的话：当然最喜欢讨论的是 Freudian Complex,Birth Control, 或是 George Moore 与 James Joyce 私人印行的新书，例如 "A Story-teller's Holiday"与"Ulyses"。总之她们的全人格只是一幅妇女解放的讽刺画。(Amy Lowell 听说整天的抽大雪茄！)和这一班立意反对上帝造人的本意的"唯智的"女子在一起，当然也有许多有趣味的地方，但有时总不免感觉她们矫揉造作的痕迹过深,引起一种性的憎忌。

我当时未见曼殊斐尔以前，固然没有想她是这样一流的Futuristic,但也绝对没有梦想到她是女性的理想化。

所以我推进那门时我就盼望她——一个将近中年和蔼的妇

人——笑盈盈的从壁炉前沙发上站起来和我握手问安。

但房里——一间狭长的壁炉对门的房——只见鹅黄色恬静的灯光，壁上炉架上杂色的美术的陈设和画件，几张有彩色画套的沙发围列在炉前，却没有一半个人影。麦雷让我一张椅上坐了，伴着我谈天，谈的是东方的观音和耶教的圣母，希腊的 Virgin Diana，埃及的 Isis，波斯的 Mithraism 里的 Virgin 等等之相仿佛，似乎处女的圣母是所有宗教里一个不可少的象征……我们正讲着，只听门上一声剥啄，接着进来了一位年轻的女郎，含笑着站在门口。"难道她就是曼殊斐尔——这样的年轻……"我心里在疑惑，她一头的褐色卷发，盖着一张小圆脸，眼极活泼，口也很灵动，配着一身极鲜艳的衣装——漆鞋，绿丝长袜，银红绸的上衣，酱紫的丝绒裙，——亭亭的立着，像一棵临风的郁金香。

麦雷起来替我介绍，我才知道她不是曼殊斐尔，而是屋主人，不知是密司 B—什么，我记不清了，麦雷是暂寓在她家的；她是个画家，壁上挂的画，大都是她自己的作品。她在我对面的椅子上坐了。她从炉架上取下一个小发电机似的东西拿在手里，头上又戴了一个接电话生戴的听箍，向我凑得很近的说话，我先还当是无线电的玩具，随后方知这位秀美的女郎的听觉是有缺陷的!

她正坐定，外面的门铃大响——我疑心她的门铃是特别响些。来的是我在法兰先生(Roger Fry)家里会过的 Sydney waterloo，极诙谐的一位先生，有一次他从巨大的口袋里一连掏出了七八枝的烟斗，大的小的长的短的，各种颜色的，叫我们好笑。他进来就问麦雷，迦赛林今天怎样，我竖了耳朵听他的回答。麦雷说："她今天不下楼了，天气太坏，谁都不受用……"华德鲁先生就问他可否上楼去看她，麦说可以的。华又问了密司 B 的允许站了起来，他正要走出门，麦雷又赶过去轻轻的说："Sydney, don't talk too much!"

楼上微微听得步响，W 已在迦赛林房中了。一面又来了两个客，一个短的 M 才从游希腊回来，一个轩昂的美丈夫，就是 London Nation and Athenaeum 里每周做科学文章署名 S 的 Sullivan。M 就讲他游历希腊的情形，尽背着古希腊的史迹名胜，Parnassus 长，Mycenae 短，讲个不住。S 也问麦雷迦赛琳如何，麦雷说今晚不下楼，W 现在楼上。过了半点钟模样，W 笨重的足音下来了，S 问他迦赛林倦了没有，W 说："不，不像倦，可是我也说不上，我怕她累，所以我下来了。"再等一歇，S 也问了麦雷的允许上楼去，麦也照样叮咛他不要让她乏了。麦问我中国的书画，我乘便就拿那晚带去的一幅赵之谦的"草书法画梅"，一幅王觉斯的草书，一幅梁山舟的行书，打开给他们看，讲了些书法大意，密司 B 听得高兴，手捧着她的听盘，挨近我身旁坐着。

但我那时心里却颇觉失望，因为冒着雨存心要来一会 Bliss 的作者，偏偏她不下楼，同时 W，S，麦雷的烘云托月，又增了我对她的好奇心。我想运气不好，迦赛琳在楼上，老朋友还有进房去谈的特权，我外国人的生客，一定是没有分的了。时已十时过半了，我只得起身告别，走出房门，麦雷陪出来帮我穿雨衣。我一面穿衣，一面说我很抱歉，今晚密司曼殊斐尔不能下来，否则我是很想望会她一面的，不意麦雷竟很诚恳的说，"如其你不介意，不妨请上楼去一见。"我听了这话喜出望外，立即将雨衣脱下，跟着麦雷一步一步地走上楼梯……

上了楼梯，扣门，进房，介绍，S 告辞，和 M 一同出房，关门，她请我坐下，我坐下，她也坐下……这么一大串繁复的手续我只觉得是像电火似的一扯过，其实我只推想应有这些的经过，却并不曾觉到：当时

45

只觉得一阵模糊。事后每次回想也只觉得是一阵模糊,我们平常从黑暗的街上走进一间灯烛辉煌的屋子,或是从光薄的屋子里出来骤然对着盛烈的阳光,往往觉得耀光太强,头晕目眩的,得定一定神,方能辨认眼前的事物。用英文说就是 Senses overwhelmed by excessive light;不仅是光,浓烈的颜色有时也有"潮没"官觉的效能。我想我那时,虽不定是被曼殊斐尔人格的烈光所潮没,她房里的灯光陈设以及她自身衣饰种种各品浓艳灿烂的颜色,已够使我不预防的神经,感觉刹那间的消感,那是很可理解的。

她的房给我的印象并不清切,因为她和我谈话时,不容我去认记房中的布置,我只知道房是很小,一张大床差不多就占了全房大部分的地位,壁是用画纸裱的,挂着好几幅油画大概也是主人画的。她和我同坐在床左贴壁一张沙发榻上,因为我斜倚她正坐的缘故,她似乎比我高得多(在她面前那一个不是低的,真是!)。我疑心那两盏电灯是用红色罩的,否则何以我想起那房,便联想起"红烛高烧"的景象?但背景究属不甚重要,重要的是给我最纯粹的美感的——The purest aesthetic feel-ing——她;是使我使用上帝给我那把进天国的秘钥的——她;是使我灵魂的内府里,又增加了一部宝藏的——她。但要用不驯服的文字来描写那晚的她!不要说显示她人格的精华,就是单只忠实地表现我当时的单纯感象,恐怕就够难的了。从前一个人有一次做梦,进天堂去玩了,他异样的欢喜,明天一起身就到他朋友那里去,想描写他神妙不过的梦境。但是,他站在朋友面前,结住舌头,一个字都说不出来,因为他要说的时候,才觉得他所学的在人间适用的字句,绝对不能表现他梦里所见天堂的景色,他气得从此不开口,后来抑郁而死。我此时妄想用字来活现出一个曼殊斐尔,也差不多有同样的感觉,但我却宁可冒猥渎神灵的罪,免得像那位诚实君子活活的闷死。她的打扮与她的朋友 B 女士相像：也是铄亮的漆皮鞋,闪色的绿丝袜,枣红丝绒的围裙,嫩黄薄绸的上衣,领口是尖开的,胸前挂着一串细珍珠,袖口只齐及肘弯。她的发是黑的,也同密司 B 一样剪短的,但她栉发的样式,却是我在欧美从没有见过的。我疑心她是有心仿效中国式,因为她的发不但纯黑,而且直而不卷,整整齐齐的一圈,前面像我们十余年前的"刘海",梳得光滑异常;我虽则说不出所以然,但觉得她发之美也是生平所仅见。

　　至于她眉目口鼻之清之秀之明净,我其实不能传神于万一;仿佛你对着自然界的杰作,不论是秋水洗净的湖山,霞彩纷披的夕照,或是南洋莹澈的星空,或是艺术界的杰作,培德花芬的沁芳,南怀格纳的奥配拉,密克朗其罗的雕像,卫师德拉(Whistler)或是柯罗(Corot)的画;你只觉得他们整体的美,纯粹的美,完全的美,不能分析的美,可感不可说的美;你仿佛直接无碍的领会了造化最高明的意志,你在最伟大深刻的戟刺中经验了无限的欢喜,在更大的人格中解化了你的性灵。我看了曼殊斐尔像印度最纯澈的碧玉似的容貌,受着她充满了灵魂的电流的凝视,感着她最和软的春风似的神态,所得的总量我只能称之为一整个的美感。她仿佛是个透明体,你只感讶她粹极的灵澈性,却看不见一些杂质。就是她一身的艳服,如其别人穿着,也许会引起琐碎的批评,但在她身上,你只是觉得妥贴,像牡丹的绿叶,只是不可少的衬托,汤林生(H. M. Tomlingson,她生前的一个好友),以阿尔帕斯山岭万古不融的雪,来比拟她清极超俗的美,我以为很有意味的;他说:

　　　　曼殊斐尔以美称,然美固未足以状其真,世以可人为美,曼殊斐尔固可人矣,然何其脱尽尘寰气,一若高山琼雪,清激重霄,其美

47

可惊,而其凉亦可感。艳阳被雪,幻成异彩,亦明明可识,然亦似神境在远,不隶人间。曼殊斐尔肌肤明皙如纯牙,其官之秀,其目之黑,其颊之腴,其约发环整如鬓,其神态之闲静,有华族粲者之明粹,而无西艳侁杰之容;其躯体尤苗约,绰如也,若明蜡之静焰,若晨星之澹妙,就语者未尝不自讶其吐息之重浊,而虑是静且澹者之且神化……

汤林生又说她锐敏的目光,似乎直接透入你的灵府深处,将你所蕴藏的秘密,一齐照澈,所以他说她有鬼气,有仙气;她对着你看,不是见你的面之表,而是见你心之底,但她却不是侦刺你的内蕴,不是有目的的搜罗,而只是同情的体贴。你在她面前,自然会感觉对她无慎密的必要;你不说她也有数,你说了她不会惊讶。她不会责备,她不会怂恿,她不会奖赞,她不会代你出什么物质利益的主意,她只是默默的听,听完了然后对你讲她自己超于善恶的见解——真理。

这一段从长期的交谊中出来深入的话,我与她仅仅一二十分钟的接近当然不会体会到,但我敢说从她神灵的目光里推测起来,这几句话不但是可能,而且是极近情的。

所以我那晚和她同坐在蓝丝绒的榻上,幽静的灯光,轻笼住她美妙的全体,我像受了催眠似的,只是痴对她神灵的妙眼,一任她利剑似的光波,妙乐似的音浪,狂潮骤雨似的向我灵府泼淹。我那时即使有自觉的感觉,也只似开茨 Keats 听鹃啼时的:

My heart aches,and a drowsy numbness pains

My sense,as though of homlock I had drunk...

'Tis not through envy of thy happy lot.

But being too happy in thy happiness...

曼殊斐尔的声音之美,又是一个 Miracle。一个个音符从她脆弱的声带里颤动出来,都在我习于尘俗的耳中,启示着一种神奇的异境,仿佛蔚蓝的天空中一颗一颗的明星先后涌现。像听音乐似的,虽则明明你一生从不曾听过,但你总觉得好像曾经闻到过的,也许在梦里,也许在前生。她的,不仅引起你听觉的美感,而竟似直达你的心灵底里,抚摩你蕴而不宣的苦痛,温和你半冷半僵的希望,洗涤你窒碍性灵的俗累,增加你精神快乐的情调,仿佛凑住你灵魂的耳畔私语你平日所冥想不到的仙界消息。我便此时回想,还不禁内动感激的悲慨,几于零泪;她是去了, 她的音声笑貌也似蜃彩似的一霎不再, 我只能学 Aft Vogler 之自慰,虔信:

Whose voice has gone forth,but each survives for the melodist

when eternity affirms the conception of an hour.

...

Enough that he heard it once,we shall hear it by & by.

曼殊斐尔,我前面说过,是病肺痨的,我见她时正离她死不过半年,她那晚说话时,声音稍高,肺管中便如荻管似的呼呼作响。她每句语尾收顿时,总有些气促,颧颊间便也多添一层红润,我当时听出了她肺弱的音息,便觉得切心的难过,而同时她天才的兴奋,偏是逼迫她音度的提高,音愈高,肺嘶亦更呖呖,胸间的起伏,亦隐约可辨,可怜! 我无奈何,只得将自己的声音特别的放低,希冀她也跟着放低些。果然很应效,她也放低了不少,但不久她又似内感思想的载刺,重复节节的高引。最后我再也不忍因我而多耗她珍贵的精力,并且也记得麦雷再三叮嘱 W 与 S 的话,就辞了出来,总计我进房至出房——她站在房口送我——不过二十分的时间。

我与她所讲的话也很有意味,但大部分是她对于英国当时最风行的几个小说家的批评——例如 Rebecca West,Romer Wilson,Hutchingson,Swinnerton,等——恐怕因为一般人不稔悉,那类简约的评语不能引起相当的兴味所以从略。麦雷自己是现在英国中年的评衡家最有学有识的一人——他去年在牛津大学讲的"The problem of style"有人誉为安诺德(Mathew Arnold)以后评衡界最重要的一部贡献——而他总常常推尊曼殊斐尔,说她是评衡的天才,有言必中肯的本能,所以我此刻要把她那晚随兴月旦的珠沫,略过不讲,很觉得有些可惜。她说她方才从瑞士回来,在那里和罗素夫妇寓所相距颇近,常常说起东方的好处,所以她原来对中国景仰,更一进而为爱慕的热忱。她说她最爱读Arthur Waley 所翻的中国诗,她说那样的艺术在西方真是一个Wonderful Revelation,她说新近 Amy Lowell 译的很使她失望,她这里又用她爱用的短句 That's not the thing!她问我译过没有,她再三劝我应当试试,她以为中国诗只有中国人能译得好的。

她又问我是否也是写小说的,她又问中国顶喜欢契诃甫的那几篇,译得怎么样,此外谁最有影响。

她问我最喜欢读那几家小说,我说哈代,康德拉,她的眉稍耸了一耸笑道!

"Isn't it! We have to go back to the old masters for good literature——the real thing! "

她问我回中国去打算怎么样,她希望我不进政治,她愤愤地说现代政治的世界,不论那一国,只是一乱堆的残暴和罪恶。

后来说起她自己的著作。我说她的太是纯粹的艺术,恐怕一般人反而不认识,她说:

"That's just it,then of course,popularity is never the thing for us."

我说我以后也许有机会试翻她的小说, 愿意先得作者本人的许可。她很高兴地说她当然愿意,就怕她的著作不值得翻译的劳力。

她盼望我早日回欧洲,将来如到瑞士再去找她,她说怎样的爱瑞士风景,琴妮湖怎样的妩媚,我那时就仿佛在湖心柔波间与她荡舟玩景:

"Clear,placid Leman! ...

Thy soft murmuring sounds sweet as if a sister's voice reproved.

That I with stern delights should ever have been so moved...

我当时就满口的答应,说将来回欧一定到瑞士去访她。

末了我恐怕她已经倦了,深恨与她相见之晚,但盼望将来还有再见的机会。她送我到房门口,与我很诚挚地握别。

将近一月前我得到曼殊斐尔已经在法国的芳丹卜罗去世。这一篇文字,我早已想写出来,但始终为笔懒,延到如今,岂知如今却变了她的祭文了!

载上海《小说月报》第 14 卷第 5 号(1923 年 5 月 10 日)

徐志摩解读名人

再说一说曼殊斐儿

我翻译这篇矮矮的短篇,还得下注解。现在什么事都得下注解。有时注解愈下,本文愈糊涂,可是注解还得下,这是一个下注解的时代,谁都得学时髦。要不然我们那儿来这么多的文章。

男人与女人永远是对头,永远是不讲和不停战的死冤家。没有拜天地——我应当说结婚,拜天地听的太旧,也太浪漫——以前,双方对打的子弹,就化上不少,真不少,双方的战略也用尽了,照例是你躲我追,我躲你追,但有时也有翻花样的,有的学诸葛亮用兵,以攻为守;有的学甲鱼赛跑,越慢越牢靠。这还只是一篇长序,正文还没有来哪,虽则正文不定比序文有趣。坐床撒帐——我应当说交换戒指,度蜜月,我说话真是太古气——以后就是濠沟战争,那年分可长了,彼此望是望得见的,抓可还是抓不到,你干着急也没有用,谁都盼望总攻击时的那一阵的浓味儿,出了性拼命时有神仙似的快乐,但谁都摸不准总司令先生的脾胃,大家等着那一天,那一天可偏是慢吞吞的不到。

宕着,悬着,挂着。永不生根,什么事都是的。像我们的地球一样,滚是滚着,可没有进步。男的与女的:好像是最亲密不过,最亲热不过,最亲昵不过的两口子不是?可是事情没有这样简单;他们中间隔着的道儿

52

正长着哩！你是站在纽约五十八层的高楼上望着，她是在吴淞炮台湾那里瞭着；你们的镜头永远对不准。

不准才有意思，才是意思。愈看不准，你愈要想对，愈幌着镜子对，愈没有准儿，可是这里面就是生活，悲剧，趣剧，哈哈，眼泪，文学，艺术，人生观，大学教授，《京报》附刊，全是这一个网里捞出来的鱼。

我说的话，你摸不清理路不是？原要你摸不清，谁要你摸得清？你摸得清，就没有我的落儿！

十九世纪出了一个圣人。他现在还活着。圣人！谁是圣人，什么是圣人？不忙，我记得我口袋里有的是定义，让我看看。"圣人就是他。"——这外国句法不成，你须得轮过头来。"谁要能说一句话或是一篇话，只要他那话里有一部分人人想得到可是说不上的道理，他就是圣人。""我未见好德如好色者也。"那是我们的孔二爷。这话说的顶平常，顶不出奇，谁都懂得，谁都点头儿说对。好比你说猫鼻子没有狗鼻子长，顶对。这就是圣。圣人的话永远是平常的，一出奇他也许是一个吴稚晖，或是谁，那也不坏，可就不是圣人。

可是我说的现代的圣人又是谁？他有两个名字：在外国叫勃那萧，在中国叫萧伯讷。他为什么是圣人？他写了一本戏，谁都知道的叫做《人与超人》。一篇顶长、顶繁、顶啰哆的戏，前面还装着一篇一样的长、繁、啰哆的长序。但是他说的就是一句话，证明的就是一句；这话就是——凡是男与女发生关系时，女的永远是追的那个，男的永远是躲的那个。这话可没有我们孔二爷的老实。不错，分别是有，东洋圣人与西洋圣人，道理同是一个，看法说法，各各不同。我们孔二爷是戴着平天冠，捧着白玉圭，头顶朝着天，脚跟踏着地，眼睛看着鼻子，鼻子顾着胡子，大胡子挂在心坎儿上，条缕分明的轻易不得吹糊；他们的萧伯讷

徐志摩解读名人

是满脸长着细白毛,像是龙井茶的毛尖,他自己说是叫虫子龈过的草地;他的站法顶别致,他的不是 A 字式的站法,他的是 Y 字式的站法,他不叫他的腿站在地上,那太平常不出奇,他叫他的脑袋支着地,看时一双手都不去帮忙,两条脚直挺挺的开着顶对天花板,只是难为了他的项根酸了一点。他这三四十年来就是玩着这把戏——一块朝天马蹄铁的思想家,一个"拿大鼎"的圣人。这分别你就看出来了不是?用腿的站得住(那也不容易,有人到几十岁还闪交哪),用头的也站住了,也许萧先生比孔先生觉着累一点,可是他的好看多了;这一来他们的说话的道儿就不同,一是顺着来的,一是反着来的,反正他们一样说得回老家就是——真理是他们的老家。

孔二爷理想中的社会是拿几条粗得怕人的大绳子拴得稳稳的社会,尤其是男与女的中间放着一座掀不动钻不透的"大防"。孔二爷看事情真不含糊,黄就是黄,青就是青,男就是男,女就是女,干脆,男女是危险的。你简直的得想法子,要不然就出乱子。你得防着他们,真的你得防着他们。把野兽装进了铁笼子,随他多凶猛也得屈伏。别的不必说,就是公公媳妇大伯弟妇都得要防;哥哥妹妹弟弟姊姊都得要防;六岁以上就不准他们同桌子吃饭。夫妇也不准过分的亲近;老爷进了房太太来了一个客人。家里来了外人,太太爱张张也得躲到屏风背后去。这来不但女子没法子找男子,就是男子也不得机会找女子了。结果防范愈严,危险愈大;所以每回一闹乱子我们就益发的佩服孔二爷见解高明。不错,这野兽其实是太不讲理,太猖獗,只有用粗索子去拴住他,拿铁笼子去关住他。我们从不反过头来想想——假如把所有的绳子全放宽了,把一切的笼子全打开了,看这一大群的野畜生又打什么主意。

萧伯讷的回答说不碍,随你放得怎样宽,人类总是不会灭的,废弃了一切人为的法律,我们还得遵守天然的法律;逃避了一切人群的势力,我们还是躲不了生命的势力(life force)。男人着忙的去找女人,或是女人着忙的去带住一个男人：这就是潜在的生命的势力活动的证据。男人的事务是去寻饭吃,女人的事务是生殖;男人的作用是经济的,女人的作用是生物的。女人天生有极强极牢固的母性;她为要完成她的天职,她就(也许不觉得的)想望生活的固定,顶要紧是一个家。但是男人却往往怕难,自己寻食吃已经够难,替一家寻食吃当然更是麻烦;他有时还存心躲懒;实际上他怕的是一个永久固定的家。还有一个理由为什么女人比男人更着急,那是因为女性的美是不久长的,她的引诱力是暂时而且有限的,所以她得赶紧;一个女儿过了三十岁还不出嫁父母就急,连亲戚都替她担忧。其实她自己何尝不急,只是在老社会情况底下她没有机会表示意志就是。她急的缘故也不完全是为要得男人的爱,她着急是为要完成她的职务,为要满足她的母性。所以萧伯讷是不错的,他说在一个选择自由的社会里男女间有关系发生时,女的往往是追的那个,男的倒反是躲的那个。王尔德说男子总不愿意结婚除非他是厌倦了,女子结婚为的是好奇。这话至少一半是对的;平常一个有志气爱自由的男子那肯轻易去冒终身企业的危险,去担负养活一个家的仔肩,反面说女人倒是常常在心里打算的(她们很少肯认账,竟许也有自己不感觉到的,但实际却有这种情形),打算她身世的寄托,打算她将来的家,打算亲手替她亲生子打小鞋做小袜子。并不是女子的羞耻,这正是她的荣耀。这是她对人道的义务。要是有一天理性的发展竟然消灭了这点子本性,人类种族的生产与生存也就成了问题了。我们不盼望有那一天,虽则我们看了"理性的"或是"智理的"的女人一天一天的增加数目,有远虑的就多少不免担忧。

曼殊斐儿是个心理的写实家,她不仅写实,她简直是写真。你要是肯下相当工夫去读懂她的作品,你才相信她的天才是无可疑的;她至少是二十世纪最重要的作者的一个。她的字一个个都是活的,一个个都是有意义的,在她最精粹的作品里我们简直不能增也不能灭更不能改动她一个字;随你怎样奥妙的细微的曲折的,有时刻薄的心理她都有恰好的法子来表现;她手里擒住的不是一个个的字,是人的心灵变化的真实,一点也错不了。法国一个画家叫台迦(Degas)能捉住电光下舞女银色衣裳急旋时的色彩与情调;曼殊斐儿就能分析出电光似急射飞跳的神经作用;她的艺术,(仿佛是高尔斯华绥说的,)是在时间与空间的缝道里下工夫,她的方法不是用镜子反映,不用笔白描,更不是从容幻想。她分明是伸出两个不容情的指头,到人的脑筋里去捉住成形不露面的思想的影子,逼住他们现原形! 短篇小说到了她的手里,像在柴霍甫(她唯一的老师)的手里,才是纯粹的美术(不止是艺术);她劈成的玉是不仅没有疤癜,不玷土灰,她的都是成品的。最高的艺术是形式与本质(form and substance)化成一体再也分不开的妙制;我们看曼殊斐儿的小说就分不清那里是式,那里是质,我们所得的只是一个印象,一个真的、美的印象,仿佛是在冷静的溪水里看横斜的梅花的影子,清切、神妙、美。

这篇《夜深时》并不是她最高的作品,但我们多少可以领略她那特别的意味。她写的一段心理是很普通很不出奇的;一个快上年纪的独身女子着急要找一个男人;她看上了一个,她写信给他,送袜子给他;碰了一个冷钉子;这回晚上独自坐在火炉前。冥想;羞,恨,怨,自怜,急,自慰,悻,自伤。想丢,丢不下;想抛,抛不了;结果爬上床去蒙紧被窝淌眼泪哭。她是谁,我们不必问,我们只知道她是一个近人情的女子;她在白天做什么事,明天早起说什么话,我们也全不必管,我们有特权窃听的就是她今夜上单个儿坐在渐灭的炉火前的一番心境,一段自诉。她并不曾说出口,但我们仿佛亲耳听着她说话,一个字也不含糊。也许有人说损,这挖苦女人太厉害了,但我们应得问的是她写的真不真,只要真就满足了艺术的条件,损不损是另外一件事。

乘便我们在这篇里也可以看出萧伯讷的"女追男躲"说的一个解释。这当然也可以当作佛洛依德心理学的注解者,但我觉得陪衬"萧"更有趣些,所以南天北海的胡扯了这一长篇,告罪告罪!

十八日

载上海《小说月报》第 16 卷第 3 号(1925 年 3 月 10 日)

徐志摩解读名人

自传小记①

他们问我："按你的经验在生活上站得住和在著作上成名这件事是不是十分艰难？"我得承认如果我可以说是站住，如果我可以说是成名，我并不曾觉得怎样艰难。我从不曾在阁楼上挨饿，也不曾愁苦的守候着编辑或书店的一个回信，也不曾在血汗中挣扎出伟大的著作，也不曾在早上醒过来时发见自己成了名。

我出身是个穷孩子。按理我想要成功一个有些微一点进益和不定靠得住的名气的作家是该得在环境凶恶的抓把中挣扎过，该得遭受过运命无情的打击。但是我没有，事情就是这么来了，我也从不曾抱怨过。

这似乎是太便宜了我。因为我出身的确是做工人家的一个苦孩子，当前一无看得见的前程。但是话说回来，就我现在又算什么呢？

我是生在也长大在劳动阶级中间的。我的父是一个煤矿夫，就是一个煤矿夫，一点也没有比众不同的地方。并且他做人连"体面"都说不上，因为他不时要喝醉酒，从不曾走进过一个礼拜堂，在矿里往往是极粗鲁的对于他的直接的小上司们。

---

① 译自劳伦斯(D. H. Lawrence)作品。

他差不多从不曾派到过一个好职司，他一直是一个佚子，因为他的人缘不好，说话老是得罪人的。尤其是正比他高一级的同事，谁都不喜欢他，他如何能得他们的帮助？可是他们不帮助他他又叽咕。

我的母亲是高贵些，她是城市里生长的，她家是小资产阶级。她说道地的英语，不夹杂一点乡音，我父亲说的和我们在街上说的土话她一辈子简直连一句都学不上口。

她写一手意大利派的好字，在她高兴的时候也写封把有隽味的信。她年纪大了的时候重复看小说，Diana of the Crossways 看得她异常的不耐烦，East Lynne 看得她异常的起劲。

但她是一个工人的妻子，整个儿的，但看她的破旧的小黑软帽，和她的机警的，清白的，"不平常"的脸。她在乡里是十分受尊敬的，正如我的父亲是十分不受尊敬的。她的生性是敏捷，灵动，或许真正是高贵的。但她是卑微的，在劳工阶级中间卑微的过日子，她的伙伴是一群更穷苦的矿夫的妻子们。

我是一个寡弱的少血色的孩子，掀着一鼻子的烟煤，人家待我颇好，在他们看来我就是一个普通孱弱的小孩。我十二岁那年得到了一个市政府的奖学金，一年十二磅，我就去诺丁汉姆中学念书。

离开学校以后我做了三个月的书记生，生了一次狠重的肺炎病，十七岁那年，我身体从此就没有好过。

一年后我做了一个小学教师，过了三年做矿工孩子们的野蛮先生的生活，我去诺丁汉姆大学进"师范"科。

正如我不沾恋小学，我也不沾恋大学。学校生活于我只是失望，在那里得不到人的活的接触。出了大学我去 Croydon，在伦敦相近，在一个新办的初级学校去教书，得一百磅一年的薪水。

是当我在克劳衣登时，那年我二十三岁，那个女子(她是我少年期主要的朋友，她自己也在她一个矿村的乡里当教师的)，抄了我的几首诗，并不对我说，写了给 English Review，那时郝拂(Ford Madox Huef-fer) 正做编辑，办得极光鲜的。

郝拂是再好不过的，他登了那些诗，还要我去见他。那女子把我，如此轻易的，放上了我的文学的路，像一个公主剪断一根线，下水一支船。

在四年间我早经在我的意识的地层里用力气，片断的掘得我的《白孔雀》。大部分我写了重写不下五六次，但总是间歇的想着才去写，从不把它看作一桩工程或是神圣的劳动，也从没有生产的呻吟。

我有兴就猛着来，写了一段，给那女子看；她总是说好，事后我发见这不是我的意思，重新再来过。但在克劳衣登我写得比较的有耐性，在教完书的晚上工作。

不管怎样书是写成了，四五年痉挛性的努力的成绩。郝拂知道了立即要稿去看。他当时就看，我不能不感念他的热心。那天我和他在伦敦同坐在公共车上，他提起他的怪声音在我的耳边喊："英国小说能有的毛病你都有了。"

正当那时候一班人以为英国小说比到法国小说，毛病多得几乎连一个站脚的地方都不应该有。"但是，"郝拂在车上喊，"你有天才。"

这使得我要笑，这话听得滑稽。在早年那些日子他们常时对我说我有天才，倒像是安慰我，因为我没有他们自己的好能耐。

但郝拂不是那意思。我常想他自己也有一点天才。不管怎样，他把《白孔雀》的书稿送给 William Heine Maun，他立即收下了，叫我删改四小行，这事情现在说出来谁都得笑，书印出时我可以拿到五十磅。

同时郝拂又在他的杂志上印了我的诗和几篇小说。一班人都看到了，都来对我说，这使得我又窘又生气，我不愿意做一个一班人眼里望出来的作者，尤其因为我是一个教师。

我二十五岁那年我母亲死，她死后两个月我的《白孔雀》印出来了，但这于我是完全没有关系。我又继续教了一年书，又生了一次颇险的肺炎病。病好些的时候我没有回学校去。从此起我靠着我的有限的文学收入过活。

已经有十七年了，自从我放弃了教务专靠一枝笔生活。我从不曾挨饿，甚至从不曾感到穷，虽则我头十年的收入并不比当小学教师好，有时更不如。

但一个人只要是穷出身，一点儿钱也可以足够。就说我父亲，他看来我简直是有钱了，即使别的人不那么想。我母亲也会把我看作在世界上有了地位，即使我自己不以为然。

但是总有点儿不对，不是我就是世界，要不然我和世界都不对。我世面见了不少，各种各样的人都会到过，有好些我真纯的喜欢而且看重。

一班人，就各个本人说，差不多都是狠好。至于批评家我们不必说起，他们和一班人是不同种的，我实在狠想至少和我的同种人中的几个真正的说得来。

可是我从没有怎样的如愿。我在世界上是过得去不，是一个问题；但我和世界实在是不狠说得来。至于我是否一个世俗的成功我实在不知道。但我总觉得这说不上是多少"人的成功"。

我意思是我不觉得在我与社会，或我与别的人们之间有多少诚意的或是本真的接触。中间总是有一段空着的。我接触得到的只是一些

徐志摩解读名人

非人情的,没有声音的。

我先前以为关系是在欧洲的衰老与疲乏。但在别的地方得到了经验以来,我知道不是那个缘故。欧洲也许要算是最不疲乏的一洲。因为它是一个最多"生活着"的地方,一个生活着的地方是有生命的。

自从美国回来以后我郑重的问我自己:为什么在我与我相识的人们之间只有这么一点儿的接触?为什么这接触没有生命的意义?

我所以写下这问题,并且也想写下答案,是因为我觉得这是使很多人感到烦闷的一个问题。

我所见得到的答案是,这是与阶级有关系。阶级造成一个渊谷,一种隔绝,最好的人情的流通丧失在这上面。造成这死性的并不是中等阶级的胜利,而是中等阶级那"东西"的胜利。

我是一个从劳动阶级里出身的人,每当我和中等阶级在一起的时候,我觉得我的生命的震动受到戕损。我承认他们多半是有趣味,有教育,狠好的人。但是他们刚正止住我的一部分不让工作。那一部分非得给丢在一边。

既然如此我又何以不和劳动的人们同住呢?因为他们的震动是在另一个方向欠缺的。他们是窄,不过还是有深度有热的,比起来中等阶级是宽而浅,又没有"热"。简直没有热的。顶多他们拿情感来替代,这是中等阶级的伟大的积极的"情"。

但劳动阶级在观念与意见上是逼窄的,在智识上也是窄。这又造起了一个牢房。一个人不能完全归属于一个阶级。

但我在此地意大利,比方说,在我与替这别墅的场地做工的农人们之间,我倒觉得有某一种沈默的接触。我和他们并不相熟,除了早晚说声好简直不和他们说话。他们也不是为我工作;我不是他们的主人。

但他们却是真正造成我的氛围,也是从他们我接受到人的通流。我不要和他们同住在他们的村舍里;那又将是一种牢房。但我要他们在着,在这地方,他们的生命和我的一同进行,使他们的活着于我有一种关连。我并不把他们过分说得好。那种无谓是够了的! 这比倒叫学童们意识的说胡话还不如。我不期望他们在这地面上造成什么乐土,现在或是将来。但我却愿意近着他们过活,因为他们的生命是还流着的。

现在我多少明白了,为什么我不能跟着贝莱(Barrie)或是威尔思的脚印走,他们俩也都是从民间出身,都是这样成功。现在我才明白为什么我不能在世界里往上升,甚至于不能更多享一点名,多得一点钱。

我不能把我从我自己的阶级转移到中等阶级。我无论如何也不能放弃我的热情的意识和我与我的同类与牲畜与地土间的深厚的血液的关连,能换到的只是那单薄的虚伪的智识上的自大,因为心灵的意识一经孤立以后所留存的无非是那一点了。

载上海《新月》杂志第 3 卷第 4 期(1931 年 12 月)

徐志摩解读名人

泰戈尔

我有几句话想趁这个机会对诸君讲,不知道你们有没有耐心听。泰戈尔先生快走了,在几天内他就离别北京,在一两个星期内他就告辞中国。他这一去大约是不会再来的了。也许他永远不能再到中国。

他是六七十岁的老人,他非但身体不强健,他并且是有病的。去年秋天他还发了一次很重的骨痛热病。所以他要到中国来,不但他的家属,他的亲戚朋友,他的医生,都不愿意他冒险,就是他欧洲的朋友,比如法国的罗曼罗兰,也都有信去劝阻他。他自己也曾经踌躇了好久,他心理常常盘算他如其到中国来,他究竟能不能够给我们好处,他想中国人自有他们的诗人,思想家,教育家,他们有他们的智慧,天才,心智的财富与营养,他们更用不著外来的补助与载刺,我只是一个诗人,我没有宗教家的福音,没有哲学家的理论,更没有科学家实利的效用,或是工程师建设的才能,他们要我去做什么,我自己又为什么要去,我有什么礼物带去满足他们的盼望。他真的很觉得迟疑,所以他延迟了他的行期。但是他也对我们说到冬天完了春风吹动的时候(印度的春风比我们的吹得早),他不由的感觉了一种内迫的冲动,他面对着逐渐滋长的青草与鲜花,不由的抛弃了、忘却了他应尽的职务,不由的解放了他的歌唱的本能,和着新来的鸣雀,在柔软的南风中开怀的讴吟,同时他收到我们催请的信,我们青年盼望他的诚意与热心,唤起了老人的勇气。他立即定夺了他东来的决心。他说趁我暮年的肢体不曾僵透,趁我衰老的心灵还能感受,决不可错过这最后唯一的机会,这博大,从容,礼让的民族,我幼年时便发心朝拜,与其将来在黄昏寂静的境界中萎衰的惆怅,何如利用这夕阳未暝时的光芒,了却我晋香人的心愿?

他所以决意的东来。他不顾亲友的劝阻,医生的警告,不顾他自身的高年与病体,他也撇开了在本国一切的任务,跋涉了万里的海程,他来到了中国。

自从四月十二在上海登岸以来,可怜老人不曾有过一半天完整的休息,旅行的劳顿不必说,单就公开的演讲以及较小集会时的谈话,至少也有了三四十次!他的,我们知道,不是教授们的讲义,不是教士们的讲道,他的心府不是堆积货品的栈房,他的辞令不是教科书的喇叭。他是灵活的泉水,一颗颗颤动的圆珠从地心里兢兢的泛登水面都是生命的精液;他是瀑布的吼声,在白云间,青林中,石罅里,不住的啸响;他是百灵的歌声,他的欢欣,愤慨,响亮的谐音,弥漫在无际的晴空。但是他是倦了。终夜的狂歌已经耗尽了子规的精力。东方的曙色亦照出她点点的心血,染红了蔷薇枝上的白露。

老人是疲乏了。这几天他睡眠也不得安宁。他已经透支了他有限的精力。他差不多是靠散拿吐瑾过日的,他不由的不感觉风尘的厌倦,他时常想念他少年时在恒河边沿拍浮的清福,他想望椰树的清荫与曼果的甜瓢。

但他还不仅是身体的惫劳,他也感觉心境的不舒畅。这是很不幸的。我们做主人的只是深深的负歉。他这次来华,不为游历,不为政治,

65

更不为私人的利益，他熬著高年，冒著病体，抛弃自身的事业，备尝行旅的辛苦，他究竟为的是什么？他为的只是一点看不见的情感！说远一点，他的使命是在修补中国与印度两民族间中断千余年的桥梁，说近一点，他只想感召我们青年真挚的同情。因为他是信仰生命的，他是尊崇青年的，他是歌颂青春与清晨的，他永远指点着前途的光明。悲悯是当初释迦牟尼证果的动机，悲悯也是泰戈尔先生不辞艰苦的动机。现代的文明只是骇人的浪费，贪淫与残暴，自私与自大，相猜与相忌，飓风似的倾覆了人道的平衡，产生了巨大的毁灭。芜秽的心田里只是误解的蔓草，毒害同情的种子，更没有收成的希冀。在这个荒惨的境地里，难得有少数的丈夫，不怕阻难，不自馁怯，肩上抗著铲除误解的大锄，口袋里满装着新鲜人道的种子，不问天时是阴是雨是晴，不问是早晨是黄昏是黑夜，他只是努力的工作，清理一方泥土，施殖一方生命，同时口唱著嘹亮的新歌，鼓舞在黑暗中将次透露的萌芽。泰戈尔先生就是这少数中的一个。他是来广布同情的，他是来消除成见的。我们亲眼见过他慈祥的阳春似的表情，亲耳听过他从心灵底里迸裂出的大声，我想只要我们的良心不曾受恶毒的烟煤熏黑，或是被恶浊的偏见污抹，谁不曾感觉他至诚的力量，魔术似的，为我们生命的前途开辟了一个神奇的境界，燃点了理想的光明？所以我们也懂得他的深刻的懊怅与失望，如其他知道部分的青年不但不能容纳他的灵感，并且成心的诬毁他的热忱。我们固然奖励思想的独立，但我们决不敢附和误解的自由。他生平最满意的成绩就在他永远能得青年的同情，不论在德国，在丹麦，在美国，在日本，青年永远是他最忠心的朋友。他也曾经遭受种种的误解与攻击，政府的猜疑与报纸的诬捏与守旧派的讥评，不论如何的谬妄与剧烈，从不曾扰动他优容的大量。他的希望，他的信仰,他的爱心,他的至诚,完全的托付青年。我的须,我的发是白的,但我的心却永远是年青的,他常常的对我们说,只要青年是我的知己,我理想的将来就有著落,我乐观的明灯永远不致暗淡。他不能相信纯洁的青年也会坠落在怀疑、猜忌、卑琐的泥淖。他更不能信中国的青年也会沾染不幸的污点。他真不预备在中国遭受意外的待遇。他很不自在,他很感觉异样的怆心。

因此精神的懊丧更加重他躯体的倦劳。他差不多是病了。我们当然很焦急的期望他的健康,但他再没有心境继续他的讲演。我们恐怕今天就是他在北京公开讲演最后的一个机会。他有休养的必要。我们也决不忍再使他耗费他有限的精力。他不久又有长途的跋涉,他不能不有三四天完全的养息。所以从今天起,所有已经约定的集会,公开与私人的,一概撤消,他今天就出城去静养。

我们关切他的一定可以原谅,就是一小部分不愿意他来作客的诸君也可以自喜战略的成功。他是病了,他在北京不再开口了,他快走了,他从此不再来了。但是同学们,我们也得平心的想想,老人到底有什么罪、他有什么负心,他有什么不可容赦的犯案?公道是死了吗,为什么听不见你的声音?

他们说他是守旧,说他是顽固。我们能相信吗?他们说他是"太迟",说他是"不合时宜",我们能相信吗?他自己是不能信,真的不能信。他说这一定是滑稽家的反调,他一生所遭逢的批评只是太新、太早、太急进、太激烈、太革命的、太理想的,他六十年的生涯只是不断的斗奋与冲锋,他现在还只是冲锋与斗奋。但是他们说他是守旧,太迟,太老。他顽固斗奋的对象只是暴烈主义,资本主义,帝国主义,武力主义,杀灭牲灵的物质主义;他主张的只是创造的生活,心灵的自由,国际的和平,教育的改造,普爱的实现。但他们说他是帝国政策的间谍,资本主义的助力,亡国奴族的流民,提倡裹脚的狂人!肮脏是在我们的政客与暴徒的心里,与我们的诗人又有什么关连?昏乱是在我们冒名的学者与文人的脑里,与我们的诗人又有什么亲属?我们何妨说太阳是黑的,我们何妨说苍蝇是真理?同学们,听信我的话,像他的这样伟大的声音我们也许一辈子再不会听著的了。留神目前的机会,预将来的惆怅! 他的人格我们只能到历史上去搜寻比拟,他的博大的温柔的灵魂我敢说永远是人类记忆里的一次灵迹,他的无边际的想像与辽阔的同情使我们想起惠德曼;他的博爱的福音与宣传的热心使我们记起托尔斯泰;他的坚韧的意志与艺术的天才使我们想起造摩西像的米仡郎其罗;他的诙谐与智慧使我们想像当年的苏格拉底与老聃;他的人格的和谐与优美使我们想念暮年的葛德; 他的慈祥的纯爱的抚摩,他的为人道不厌的努力,他的磅礴的大声,有时竟使我们唤起救主的心像;他的光彩,他的音乐,他的雄伟,使我们想念奥林必克山顶的大神。他是不可侵凌的,不可逾越的,他是自然界的一个神秘的现象。他是三春和暖的南风,惊醒树枝上的新芽,增添处女颊上的红晕。他是普照的阳光。他是一派浩瀚的大水,从来不可追寻的渊源,在大地的怀抱中终古的流著,不息的流著,我们只是两岸的居民,凭着这慈恩的天赋,灌溉我们的田稻,苏解我们的消渴,洗净我们的污垢。他是喜马拉雅积雪的山峰,一般的崇高,一般的纯洁,一般的壮丽,一般的高傲,只有无限的青天枕藉他银白的头颅。

人格是一个不可错误的实在。荒歉是一件大事,但我们是饿惯了的,只认鸠形与鹄面是人生本来的面目,永远忘却了真健康的颜色与彩泽。标准的低降是一种可耻的堕落;我们只是踞坐在井底的青蛙,但我们更没有怀疑的余地。我们也许端详东方的初白,却不能非议中天的太阳。我们也许见惯了阴霾的天时,不耐这热烈的光焰,消散天空的云雾,暴露地面的荒芜,但同时在我们心灵的深处,我们岂不也感觉一个新鲜的影响,催促我们生命的跳动,唤醒潜在的想望,仿佛是武士望见了前峰烽烟的信号,更不踌躇的奋勇向前?只有接近了这样超轶的纯粹的丈夫,这样不可错误的实在,我们方始相形的自愧我们的口不够阔大,我们的嗓音不够响亮,我们的呼吸不够深长,我们的信仰不够坚定,我们的理想不够莹澈,我们的自由不够磅礴,我们的语言不够明白,我们的情感不够热烈,我们的努力不够勇猛,我们的资本不够充实……

我自信我不是恣滥不切事理的崇拜,我如其曾经应出浓烈的文字,这是因为我不能自制我浓烈的感想。但我最急切要声明的是,我们的诗人,虽则常常招受神秘的徽号,在事实上却是最清明,最有趣,最诙谐,最不神秘的生灵,他是最通达人情,最近人情的。我盼望有机会追写他日常的生活与谈话。如其我是犯嫌疑的,如其我也是性近神秘的(有好多朋友这么说),你们还有适之先生的见证,他也说他是最可爱最可亲的个人;我们可以相信适之先生绝对没有"性近神秘"的嫌疑!所以无论他怎样的伟大与深厚,我们的诗人还只是有骨有血的人,不是野人,也不是天神。唯其是人,尤其是最富情感的人,所以他到处要求人道的温暖与安慰,他尤其要我们中国青年的同情与情爱。他已经为我们尽了责任,我们不应,更不忍辜负他的期望。同学们,爱你的爱,崇拜你的崇拜,是人情不是罪孽,是勇敢不是懦怯!

十二日在真光讲

载北京《晨报副刊》1924 年 5 月 19 日

徐志摩解读名人

《告别辞》志摩附识[①]

那天下午听著老翁这篇告别辞的诸君，也许还记得他说话时的声调与他须眉间异样的笑容。他的声调我记得是和缓中带踌躇，仿佛是他不能畅快的倾吐他的积愫，但他又不能不宛转的烘托出他的不完全愉快的款曲与感念；他的笑容，除非我是神经过敏，不仅有勉强的痕迹，有时看来直是眼泪的替身。"我的不幸的运命从我的本土跟著我来到异乡。我的数分不完全是同情的阳光。"这话是称过分量说出来的，就这一点不说分明，不说尽，这里面便含著无限的酸楚，无限的悱恻，我当时真觉得替他难受。"现在世上有的是胜利的民族，在他们的跟前我是什么人敢来妄肆批评？彼此同是受嘲讽的民族，我们有的是不受人尊敬与赞许的德性。我们正应得做朋友。"这一段话，且不论他反激得动人，

我正不知这里面的成分是泪还是血，我们听了应得傲慢还是惭愧？

O Sun, rise upon the beeding hearts blossoming in flowers of the morning, and the torch light revelry of pride shrunken to ashes.

——from "Thanksgiving"

---

① 1924 年 5 月 22 日，泰戈尔在上海作了访华的告别演讲，徐志摩为之作了翻译。在发表《告别辞》译文时还附上了《志摩附识》。

太阳呀,升起来朗照著流血的心开作清晨的鲜花,你也照出傲慢的火炬的夜宴萎成了灰烬。

这一篇最好是与他到中国第一次的谈话一起读,碰巧都在同一的园地上讲的,两次都在场的人也应得比较他先后不同的语调与神态。先一次是暮春天气一个最浩爽的下午,后一次是将近梅雨期云低气滞的一个黄昏。有心的读者应该明白在这四十日间是诗人受了中国的试验,还是中国受了诗人的审判。他现在已经远了,他留给我们的记忆不久也会得消淡,什么都不免过去;云影扯过了波心里依旧是不沾印踪。也许有人盼望天光完全隐匿,那时任凭飞鸟也好,飞云也好,我们黑沈沈的水面上连影子都可以不生痕迹!

[附]

告 别 辞

——五月二十二,

上海慕尔鸣路三十七号的园会

今天的集会使我记起我初到中国那一天也在这里园地上接受你们初次的款待。那时候我总算是一个生客,我也不相识那天来欢迎我的诸君。我一向总是在我的心里踌躇究竟中国是否像我意想所构成的中国,我也踌躇究竟我能否深入这民族的心曲。那天我的心里很是不自在,因为在你们看来我是从一个神秘的地域来的,我又是负有一个过于浮夸的名誉,因此你们对于我的盼望也许不免有不切实在的地方。所以我急于告诉你们我的有限的资格,我记得我开始就供认给你们我只是一个仅仅的诗人。我知道你们曾经邀请过欧美诸邦的名人、大哲学家与大科学家,远渡重洋到你们的国里来讲学,现在我也来到你们的中间,我很惭愧我自己的渺小,你们都是曾经亲听过他们的至理与名言。那天我真是深深的引愧,因为我觉得仿佛我是穿着一身乔装来收受你们款待的至意,也许你们并不曾认识我本来的面目。我不由的想起我自己的一篇戏里的那个女子齐德拉,她是承爱神的怜悯取得了一身美艳的变相。她原来并不是一个没有缺憾的妇人,但是等到她后来凭着这神异的幻象征服了她的爱人的恋情,她反而嫉恨她的温柔的化身,因为她所渴望的他的抚摩与交抱都被这借来的外壳掠去,剩下她的灵魂依旧在不满足的冷落中悲切。

今天是我在你们的国里最后的一天,如其你们还是准备着厚意的款待并且给我称誉的言词,我可以放心接受的了:因为我已经经过你们的考验,我想我也并不曾缴还我的白卷。所以今天我到你们这里来,我满心热炎的只想望你们的友爱与同情与赞美。这是你们披露你们真情谊的机会,好叫我永远记住,虽则我不能不向你们告别,这最后的一次集会,像一度奢侈的落日,大量的铺陈他储积著的异样的彩色。但是,话虽如此,我还不敢十分放心。在你们中间有跟著我此次巡游的,他们最亲切的知道我的成绩,还不曾开口说话。

方才说话那位主人赞扬我的成绩,他自从我们初次会面以后一直病因在家里,他不曾有机会接近我,因此他关于我的想像,我不敢过分的深信。因此我还是等著要听还有几位朋友的意见,他们这一向不幸的须得伴著我起居与行旅,他们应得认识我的浅深。同时有一件事情我可以对你们说。初来的时候我也有我的盼望。在年轻时便揣想中国是如何的景象,那是我念天方夜谭时想像中的中国,此后那风流富丽的天朝竟变了我的梦乡;早几年我到日本时我又得到了这古文明的一瞥。因为在那边款待我的主人有大宗中国名画的收藏,都是珍异的神品,我在他那里住著的时候,他常常一件一件取出来饱我的眼福,我也凭藉他的指导认识了不少名家的杰作。因此我又在你们往时大艺术家的作品里取得了我的中国的概念。

我心里时常存想,他们是一个伟大的民族。你们创造了一个美的世界,我以为即是你们灵魂的表现,我记得我总觉得难受每次我遇著不甚尊敬你们的那些,他们的心是无情的、冷酷的,他们来到你们中间任意的侵略与剥削与摧残,他们忘怀你们文化的贡献,也不曾注意你们伟大的艺术。当然你们也知道你们已往的历史所凝成的纯晶,不仅是真的美的,并且是神灵的,并不代表你们人民的完全的生活,虽则我同时亦深信只有从最完美的表现中我们可以看出现实的最真切的一斑。但理想与现实是应得放在一起看的,我们不能偏注一面。至于我此番的游历,我不能不说在简短的时期内要盼望一个像我这样的陌生人能够发现一民族最内在的真实不是容易的事情,将来也许有那一天,但决不是造次可以得到的。要明白一民族潜在的力量与天才怎样能逐渐的发展到最完美的状态那是千百年的事,我既没有时间又没有适当的机会,因此我不敢想望有多大的了解。我只感觉到一件事情,我此次在你们的国内会著的外国人也都有这样的感想。你们是很近人情的。我也觉著你们的人情的感动,因此我已经,至少我希冀我已经接近你们的心曲。我自己的心里不仅是充满著美慕与惊讶,但有的是真挚的情感,尤其是曾经与我有过亲密的交接的,我不由的不爱他们。这一点

73

徐志摩解读名人

个人间情感的契合便不是随便可以做到的事。

有人说你们有一个特性，就是你们从来不曲解事物的本相，是什么只当是什么看待。譬如你们看重一件东西或是一个人，你们看重他不是因为他在本身以外另有什么联带的价值，但只为是他那赤裸的现实现放在你的跟前要求你的注意。也许就为你们有那个特性所以你们一晌也只把我当作一个寻常的人看待，不当作一个诗人，更不如有的傻子以为是哲学家，尤其不如有的更傻的傻子以为我是圣人或是先觉，你们只把我看作一个干干净净的个人。有几个我新结识的小朋友对我差不多绝对的不存拘束，只当我是他们一般年纪，不见得理会我的高年，也不过分尊敬我的声名。这样的健忘本应得使我著实的懊恼，但在他们却是充分的自然，因之我也不觉得有什么差池。实际上他们对待我的情形常常没有丝毫的尊敬，我却是很感谢他们的随熟与失礼。世上人多的是想把我供作偶像，剥夺我现实的人情与接触。我想上帝也一定著恼因为人们把日常的情爱分给了他们的家人与同伴，留剩给他的却只是在教堂里每星期的礼拜。我所以很喜欢我的年轻的朋友不曾把我当作偶像礼拜，他们只把我看作他们伙伴中的一个，使我得沾润他们活泼的人情。

但是你们要我在离别以前给你们不掩讳的批评。我绝对的拒绝你们的请求。批评家随处都有，你们不怕缺乏，我却是不愿意加入于他们的品级。你们曾经听受过你们的批评，谁不会批评，我却自喜我没有那样挑剔的天才。我自己也是近人情的，我自然可以体谅你们的短处，你们即使不免缺陷，我还是一样的爱你们。现在世上有的是成功的民族，在他们的跟前我是什么样人敢来妄肆批评？彼此同是受嘲讽的民族，我们有的是不受人尊敬与赞许的德性。我们正应得做朋友。我没有批评给你们，所以请你们对我亦不必过于苛责。其实我此时已经不免心慌。有一天你们青年的批评家在我的面前不容情的指摘他们曾经请来讲学的几位，我那时就觉得兆头不好，我就急急的问他们将来是否预备给我同等的待遇。我始终不曾放心，我此时也不说我心里的话，我只希冀他们不会那样的忍心。我从不曾装作过一个哲学家的身分，因此我想我不必著急。假如我曾经置身在崇高的台座上，他们竟许会把我倒拉下来，闪破我的背梁，但我幸而不曾有过那样的僭妄，我只是在同一的平地上站著，因此我盼望我可以幸免灾难。今天我最后分手的一天才是你们真正接受我的一天。我上次在此地时你们给我的欢迎只是借给我的信用，我盼望我曾经付过我的代价叫你们满意，但如你们以为我不曾付清你们事前的期望，不要责备我，你们只能抱怨你们自己的糊涂。你们当初便不应得那样的慷慨，不应得滥施你们的奖宠。

我敢说我已经尽了我的可能的名分，我结识了不少的朋友，在我们中间已经发生了一种情谊的关系。我并不曾妄想逾分的了解，我也只接受你们来意的至诚，如今我快走了，我带走的也就只这一层友谊的记忆。但同时我亦不须自为掩讳。我的不幸的命运从我的本土跟著我来到异乡。我的数分并不完全是同情的阳光。

从天际辽远的角上不时有怒云咆哮的作响。你们一部分的国人曾经担著忧心，怕我从印度带来提倡精神生活的传染毒症，怕我摇动你们崇拜金钱与物质主义的强悍的信仰。我现在可以分付曾经担忧的诸君，我是绝对的不曾成心与他们作对；我没有力量来阻碍他们健旺与

进步的前程,我没有本领可以阻止你们人们奔赴贸利的闹市。我可以
分付他们我并且不曾折服一个怀疑者使他憬悟他的灵魂的实在,我不
曾使他信服道德的美的价值是高于物质的势力。我敢说他们明白了结
果以后一定会得赦免我的。

载《小说月报》第 15 卷 8 号(1924 年 8 月 10 日)

两个世界的老头儿的来信

自从六月初与泰谷尔及其同伴在香港别后，直至前十天才得泰氏亲笔来信,他说回印度后因跋涉劳顿生了一时病到如今(他信上日期是八月二十五)还觉得疲倦,但他还是要到南美洲去赴约,定九月底动身赴欧,由西班牙径去南美,明年二月回意大利。他此时大致已在西班牙了。他要我明春到意大利去会他,那是我答应过他的,至于我能否享这样的闲福——伴着老诗人漫游南欧北欧——只有我的星知道! 老翁到东方来辛苦了一趟,至少结识了少数的朋友,那是他唯一的慰藉;如今他去了已经有不少的时候,好几个月了,原来不存心记着他的,已经尽够从容的完全忘怀了他,但或许还有少数人见过他的容貌听过他的声音的,偶然还有机会联想到或是存念着老人的,那就是他的幸福了。这少数人或者愿意知道他的行止,所以我胆敢把他给我的私人的信在这里公开了。

最近我又接到一封远道来的有趣味的信，那是嘉本特(Edward Carpenter)给我的,嘉本特的名字应得很有人知道,尤其是晨报的读者,因为他就是那本名著《爱之成年》(Love's Coming Age)的作者。我在英国时是经狄更生先生(G. Lowes Dickinson)介绍到他住处去"朝拜"过他

77

的，去年在文友会里一次讲演 ("Personal impressions of H. G. Wells, Edward Carpenter and Katherine Mansfield") 我曾经叙述过那段可纪念的事实。他今年八月间八十岁整生日，据说全球各国——尤其是劳工阶级——都有贺电给他，祝嘏这位歌唱和平，友爱，真人道与真平民精神的老诗翁。近来他的精神很差，写字都觉得困难，因为他的手颤震得很凶，你们看他来信的笔迹就知道。我把他原信印在这里，给爱他《爱之成年》的与他的人格的朋友们看看。

他信里还附着一份答复各国贺他生日的一封公函，我也乘便译在这里——

从我八十岁生日老髦的高处，我敬谢各地的朋友借这个机会来表示他们对我的爱心与好意。他们真挚的盛情使我深深的感激；但同时我要说出我心里隐着的希冀，我盼望我们不久便可以无须这种文字上的表示，因为在将来他们这次所表示的爱心与好意即是人类普遍的产业，各个人共有的快乐的泉源。

有许多人要知道我对于现代的文明社会与他的可疑的健康状态有什么感想。但是虽则我很明白我们的文明曾经(现在还是)受病很深，并且"去死不远"！我还是不曾放弃我的希望，这病是有法子医治的。其实我应当说这世界是没有什么的，或是不会有什么的，只要这里面的人们些微有一点常识！或是换一种说法，只要他们能够有一点子真的信心，认明白他们生活的共同性与相互靠傍的那件基本的实际的事实。有那个信心或是实际世界上就不会得出乱子。没有那一点什么都会得弄糟的。

在今天事业(Business)那个字，字面上看着平常，实在掩盖着无穷的恶业与伪迹。多少残暴的反人道的行为只是假托着事业的名字,他那动机无非是普遍的猜疑与嫉忌。曾经有人计算过我们十分之九的商业与财政的活动只是消耗在彼此对抗的记帐上(包括结算书,证券,契约,抵押,保险,以及各样的文书与手迹),这一切无谓的麻烦只是打算来强迫单纯的诚实与相互的帮助,但碰巧这两件事情根本就不是可以强迫的事情。如其这种情形不是发疯的行为,我不知他是什么!

我只能说这种黯惨的蠢拙的纠纷是商业时期给我们的一份家产,所以我们只能盼望早早从这个可憎恶的时期进行到常识与真的共同生活的时期。

我的感谢是给所有帮助实现这我们最想像的伟大工程的人们。

爱特华特卡本德

载北京《晨报副刊》1924 年 11 月 24、26 日

徐志摩解读名人

済慈的夜莺歌

诗中有济慈(John Keats)的《夜莺歌》，与禽中有夜莺一样的神奇。除非你亲耳听过，你不容易相信树林里有一类发痴的鸟，天晚了才开口唱，在黑暗里倾吐她的妙乐，愈唱愈有劲，往往直唱到天亮，连真的心血都跟着歌声从她的血管里呕出；除非你亲自咀嚼过，你也不易相信一个二十三岁的青年有一天早饭后坐在一株李树底下迅笔的写，不到三小时写成了一首八段八十行的长歌，这歌里的音乐与夜莺的歌声一样的不可理解，同是宇宙间一个奇迹，即使有那一天大英帝国破裂成无可记认的断片时，夜莺歌依旧保有他无比的价值：万万里外的星亘古的亮着，树林里的夜莺到时候就来唱着，济慈的《夜莺歌》永远在人类的记忆里存着。

那年济慈住在伦敦的 Wentworth Place。百年前的伦敦与现在的英京大不相同，那时候"文明"的沾染比较的不深，所以华次华士站在威士明治德桥上，还可以放心的讴歌清晨的伦敦，还有福气在"无烟的空气"里呼吸，望出去也还看得见"田地，小山，石头，旷野，一直开拓到天边"。那时候的人，我猜想，也一定比较的不野蛮，近人情，爱自然，所以白天听得着满天的云雀，夜里听得着夜莺的妙乐。要是济慈迟一百年

80

出世,在夜莺绝迹了的伦敦市里住着,他别的著作不敢说,这首《夜莺歌》至少,怕就不会成功,供人类无尽期的享受。说起真觉得可惨,在我们南方,古迹而兼是艺术品的,止淘成了西湖上一座孤单的雷峰塔。这千百年来雷峰塔的文学还不曾见面,雷峰塔的映影已经永别了波心!也许我们的灵性是麻皮做的,木屑做的,要不然这时代普遍的苦痛与烦恼的呼声,还不是最富灵感的天然音乐;——但是我们的济慈在那里?我们的《夜莺歌》在那里?济慈有一次低低的自语——"I feel the flowers growing on me."意思是"我觉得鲜花一朵朵的长上了我的身",就是说他一想着了鲜花,他的本体就变成了鲜花,在草丛里掩映着,在阳光里闪亮着,在和风里一瓣瓣的无形的伸展着,在蜂蝶轻薄的口吻下羞晕着。这是想像力最纯粹的境界:孙猴子能七十二般变化,诗人的变化力更是不可限量——莎士比亚戏剧里至少有一百多个永远有生命的人物,男的女的,贵的贱的,伟大的,卑琐的,严肃的,滑稽的,还不是他自己摇身一变变出来的。济慈与雪莱最有这与自然谐和的变术;——雪莱制"云歌"时我们不知道雪莱变了云还是云变了雪莱;歌"西风"时不知道歌者是西风还是西风是歌者;颂"云雀"时不知道是诗人在九霄云端里唱着还是百灵鸟在字句里叫着;同样的济慈咏"忧郁"(Ode on Melancholy)时他自己就变了忧郁本体,"忽然从天上吊下来像一朵哭泣的云";他赞美"秋"(To Autumn)时他自己就是在树叶底下挂着的叶子中心那颗渐渐发长的核仁儿,或是在稻田里静偃着玫瑰色的秋阳!这样比称起来,如其赵松雪关紧房门伏在地下学马的故事可信时,那我们的艺术家就落粗蠢,不堪的"乡下人气味"!

他那《夜莺歌》是他一个哥哥死的那年做的,据他的朋友有名肖像画家 Robert Hayden 给 Miss Mitford 的信里说,他在没有写下以前早就

81

起了腹稿，一天晚上他们俩在草地里散步时济慈低低的背诵给他听——"…in a low, tremulous undertone which affected me extremely."那年碰巧——据著《济慈传》的 Lord Houghton 说，在他屋子的邻近来了一只夜莺，每晚不倦的歌唱，他很快活，常常留意倾听，一直听得他心痛神醉逼着他从自己的口里复制了一套不朽的歌曲。我们要记得济慈二十五岁那年在意大利在他一个朋友的怀抱里作古，他是，与他的夜莺一样，呕血死的！

　　能完全领略一首诗或是一篇戏曲，是一个精神的快乐，一个不期然的发现。这不是容易的事；要完全了解一个人的品性是十分难，要完全领会一首小诗也不得容易。我简直想说一半得靠你的缘分，我真有点儿迷信。就我自己说，文学本不是我的行业，我的有限的文学知识是"无师传授"的。斐德（Walter Pater）是一天在路上碰着大雨到一家旧书铺去躲避无意中发现的，哥德（Goethe）——说来更怪了——是司蒂文孙（R. L. S.）介绍给我的（在他的 Art of Writing 那书里他称赞 George Henry Lewes 的葛德评传；Everyman edition 一块钱就可以买到一本黄金的书），柏拉图是一次在浴室里忽然想着要去拜访他的。雪莱是为他也离婚才去仔细请教他的，杜思退益夫斯基，托尔斯泰，丹农雪乌，波特莱耳，卢骚，这一班人也各有各的来法，反正都不是经由正宗的介绍：都是邂逅，不是约会。这次我到北大教书也是偶然的，我教着济慈的夜莺歌也是偶然的，乃至我现在动手写这一篇短文，更不是料得到的。友鸾再三要我写才鼓起我的兴来，我也很高兴写，因为看了我的乘兴的话，竟许有人不但发愿去读那《夜莺歌》，并且从此得到了一个亲口尝味最高级文学的门径，那我就得意极了。

　　但是叫我怎样讲法呢？在课堂里一头讲生字一头讲典故，多少有

82

一个讲法,但是现在要我坐下来把这首整体的诗分成片段诠释他的意义,可真是一个难题!领略艺术与看山景一样,只要你地位站得适当,你这一望一眼便吸收了全景的精神;要你"远视"的看,不是近视的看;如其你捧住了树才能见树,那时即使你不惜工夫一株一株的审查过去,你还是看不到全林的景子。所以分析的看艺术,多少是杀风景的:综合的看法才对。所以我现在勉强讲这《夜莺歌》,我不敢说我能有什么心得的见解!我并没有!我只是在课堂里讲书的态度,按句按段的讲下去就是,至于整体的领悟还得靠你们自己,我是不能帮忙的。

你们没有听过夜莺先是一个困难。北京有没有我都不知道。下回萧友梅先生的音乐会要是有贝德花芬的第六个"沁芳南"(The Pastoral Symphony)时,你们可以去听听,那里面有夜莺的歌声。好吧,我们只要能同意听音乐——自然的或人为的——有时可以使我们听出神:譬如你晚上在山脚下独步时听着清越的笛声,远远的飞来,你即使不滴泪,你多少不免"神往"不是?或是在山中听泉乐,也可使你忘却俗景,想像神境。我们假定夜莺的歌声比我们白天听着的什么鸟都要好听;她初起像是龚云甫,嗓子发沙的,很懒的试她的新歌;顿上一顿,来了,有调了。可还不急,只是清脆悦耳,像是珠走玉盘(比喻是满不相干的!)。慢慢的她动了情感,仿佛忽然想起了什么事情使她激成异常的愤慨似的,她这才真唱了,声音越来越亮,调门越来越新奇,情绪越来越热烈,韵味越来越深长,像是无限的欢畅,像是艳丽的怨慕,又像是变调的悲哀——直唱得你在旁倾听的人不自主的跟着她兴奋,伴着她心跳。你恨不得和着她狂歌,就差你的嗓子太粗太浊合不到一起!这是夜莺;这是济慈听着的夜莺,本来晚上万籁静定后声音的感动力就特强,何况夜莺那样不可模拟的妙乐。

83

好了；你们先得想像你们自己也教音乐的沉醴浸醉了，四肢软绵绵的，心头痒荠荠的，说不出的一种浓味的馥郁的舒服，眼帘也是懒洋洋的挂不起来，心里满是流膏似的感想，辽远的回忆，甜美的惆怅，闪光的希冀，微笑的情调一齐兜上方寸灵台时——再来——"in a low, tremulous undertone"——开诵济慈的《夜莺歌》，那才对劲儿!

这不是清醒时的说话；这是半梦呓的私语：心里畅快的压迫太重了流出口来缱绻的细语——我们用散文译过他的意思来看——

一

"这唱歌的，唱这样神妙的歌的，决不是一只平常的鸟；她一定是一个树林里美丽的女神，有翅膀会得飞翔的。她真乐呀，你听独自在黑夜的树林里，在枝干交叉，浓荫如织的青林里，她畅快的开放她的歌调，赞美着初夏的美景，我在这里听她唱，听的时候已经很多，她还是恣情的唱着；啊，我真被她的歌声迷醉了，我不敢羡慕她的清福，但我却让她无边的欢畅催眠住了，我像是服了一剂麻药，或是喝尽了一剂鸦片汁，要不然为什么这睡昏昏思离离的像进了黑甜乡似的，我感觉着一种微倦的麻痹，我太快活了，这快感太尖锐了，竟使我心房隐隐的生痛了！"

二

"你还是不倦的唱着——在你的歌声里我听出了最香冽的美酒的味儿。呵，喝一杯陈年的真葡萄酿真痛快呀！那葡萄是长在暖和的南方的，普鲁罔斯那种地方，那边有的是幸福与欢乐，他们男的女的整天在宽阔的太阳光底下作乐，有的携着手跳春舞，有的弹着琴唱恋歌；再加那遍野的香草与各样的树馨——在这快乐的地土下他们有酒窖埋着美酒。现在酒味益发的澄静，香洌了。真美呀，真充满了南国的乡土精神的美酒，我要来引满一杯，这酒好比是希宝克林灵泉的泉水，在日光里滟滟发虹光的清泉，我拿一只古爵盛一个扑满。阿，看呀！这珍珠似的酒沫在这杯边上发瞬，这杯口也叫紫色的浓浆染一个鲜艳；你看看，我这一口就把这一大杯酒吞了下去——这才真醉了，我的神魂就脱离了躯壳，幽幽的辞别了世界，跟着你清唱的音响，像一个影子似澹澹的掩入了你那暗沉沉的林中。"

三

"想起这世界真叫人伤心。我是无沾恋的，巴不得有机会可以逃避，可以忘怀种种不如意的现象，不比你在青林茂荫里过无忧的生活，你不知道也无须过问我们这寒伧的世界，我们这里有的是热病，厌倦，烦恼，平常朋友们见面时只是愁颜相对，你听我的牢骚，我听你的哀怨；老年人耗尽了精力，听凭痺症摇落他们仅存的几茎可怜的白发；年轻人也是叫不如意事蚀空了，满脸的憔悴，消瘦得像一个鬼影，再不然就进墓门；真是除非你不想他，你要一想的时候就不由得你发愁，不由得你眼睛里钝迟迟的充满了绝望的晦色；美更不必说，也许难得在这里，那里，偶然露一点痕迹，但是转瞬间就变成落花流水似没了。春光是挽留不住的，爱美的人也不是没有，但美景既不常驻人间，我们至多只能实现暂时的享受，笑口不曾全开，愁颜又回来了！因此我只想顺着你歌声离别这世界，忘却这世界，解化这忧郁沉沉的知觉。"

85

四

"人间真不值得留恋,去吧,去吧!我也不必乞灵于培克司(酒神)与他那宝辇前的文豹,只凭诗情无形的翅膀我也可以飞上你那里去。阿,果然来了!到了你的境界了!这林子里的夜是多温柔呀,也许皇后似的明月此时正在她天中的宝座上坐着,周围无数的星辰像侍臣似的拱着她。但这夜却是黑,暗阴阴的没有光亮,只有偶然天风过路时把这青翠荫蔽吹动,让半亮的天光丝丝的漏下来,照出我脚下青茵浓密的地土。"

五

"这林子里梦沉沉的不漏光亮,我脚下踏着的不知道是什么花,树枝上渗下来的清馨也辨不清是什么香;在这薰香的黑暗中我只能按着这时令猜度这时候青草里,矮丛里,野果树上的各色花香;——乳白色的山楂花,有刺的野蔷薇,在叶丛里掩盖着的芝罗兰已快萎谢了,还有初夏最早开的麝香玫瑰,这时候准是满承着新鲜的露酿,不久天暖和了,到了黄昏时候,这些花堆里多的是采花来的飞虫。"

我们要注意从第一段到第五段是一顺下来的:第一段是乐极了的谵语,接着第二段声调跟着南方的阳光放亮了一些,但情调还是一路的缠绵。第三段稍为激起一点浪纹,迷离中夹着一点自觉的愤慨,到第四段又沉了下去,从"already with thee!"起,语调又极幽微,像是小孩子走入了一个阴凉的地窖子,骨髓里觉着凉,心里却觉着半害怕的特别意味,他低低的说着话,带颤动的,断续的;又像是朝上风来吹断清梦时的情调;他的诗魂在林子的黑荫里闻着各种看不见的花草的香味,私下一一的猜测诉说,像是山涧平流入湖水时的尾声……这第六段的声调与情调可全变了;先前只是畅快的惆怅,这下竟是极乐的谵语了。他乐极了,他的灵魂取得了无边的解脱与自由,他就想永保这最痛快的俄顷,就在这时候轻轻的把最后的呼吸和入了空间,这无形的消灭便是极乐的永生;他在另一首诗里说——

I know this being's lease,

My fancy to its utmost bliss spreads,

Yet could I on this very midnight cease,

And the world's gaudy ensign see in shreds;

Verse,Fame and Beauty are intense indeed,

But death intenser–Death is Life's high meed.

在他看来(或是在他想来),"生"是有限的,生的幸福也是有限的——诗,声名与美是我们活着时最高的理想,但都不及死,因为死是无限的,解化的,与无尽流的精神相投契的,死才是生命最高的蜜酒,一切的理想在生前只能部分的,相对的实现,但在死里却是整体的绝对的谐合,因为在自由最博大的死的境界中一切不调谐的全调谐了,一切不完全的全完全了。他这一段用的几个状词要注意,他的死不是苦痛;是"Easeful death"舒服的,或是竟可以翻作"逍遥的死";还有他说"Quiet breath",幽静或是幽静的呼吸,这个观念在济慈诗里常见,很可注意;他在一处排列他得意的幽静的比象——

Autumn Suns

Smiling at eve upon the quiet sheaves,

Sweet Sapphos Cheek—a sleeping infant's breath—

The gradual sand that through an hour glass runs

A woodland rivulet,a poet's death.

秋田里的晚霞,沙浮女诗人的香腮,睡孩的呼吸,光阴渐缓的流沙,山林里的小溪,诗人的死。他诗里充满着静的,也许香艳的,美丽的静的意境,正如雪莱的诗里无处不是动,生命的振动,剧烈的,有色彩的,嘹亮的。我们可以拿济慈的"秋歌"对照雪莱的"西风歌",济慈的"夜莺"对比雪莱的"云雀",济慈的"忧郁"对比雪莱的"云",一是动,舞,生命,精华的,光亮的,搏动的生,一是静,幽,甜熟的,渐缓的,"奢侈"的死,比生命更深奥更博大的死,那就是永生。懂了他的生死的概念我们再来解释他的诗:

六

"但是我一面正在猜测着这青林里的这样那样,夜莺她还是不歇的唱着,这回唱得更浓更烈了。(先前只像荷池里的雨声,调虽急,韵节还是很匀净的;现在竟像是大块的骤雨落在盛开的丁香林中,这白英在狂颤中缤纷的堕地,雨中的一阵香雨,声调急促极了。)所以我竟想在这极乐中静静的解化,平安的死去,所以我竟与无痛苦的解脱发生了恋爱,昏昏的随口编着钟爱的名字唱着赞美她,要她领了我永别这生的世界,投入永生的世界。这死所以不仅不是痛苦,真是最高的幸福,不仅不是不幸,并且是一个极大的奢侈;不仅不是消极的寂灭,这正是真生命的实现。在这青林中,在这半夜里,在这美妙的歌声里,轻轻的挑破了生命的水泡,阿,去吧! 同时你在歌声中倾吐了你的内蕴的灵性,放胆的尽性的狂歌好像你在这黑暗里看出比光明更光明的光明，在你的叶荫中实现了比快乐更快乐的快乐：——我即使死了，你还是继续的唱着，直唱到我听不着，变成了土，你还是永远的唱着。"

这是全诗精神最饱满音调最神灵的一节，接着上段死的意思与永生的意思，他从自己又回想到那鸟的身上，他想我可以在这歌声里消散，但这歌声的本体呢？听歌的人可以由生入死，由死得生，这唱歌的鸟，又怎样呢？以前的六节都是低调，就是第六节调虽变，音还是像在浪花里浮沉着的一张叶片，浪花上涌时叶片上涌，浪花低伏时叶片也低伏；但这第七节是到了最高点，到了急调中的急调——诗人的情绪，和着鸟的歌声，尽情的涌了出来：他的迷醉中的诗魂已经到了梦与醒的边界。

这节里 Ruth 的本事是在旧约书里 The Book of Ruth，她是嫁给一个客民的，后来丈夫死了，她的姑要回老家，叫她也回自己的家再嫁人去，罗司一定不肯，情愿跟着她的姑到外国去守寡，后来她在麦田里收麦，她常常想着她的本乡，济慈就应用这段故事。

七

"方才我想到死与灭亡，但是你，不死的鸟呀，你是永远没有灭亡的日子，你的歌声就是你不死的一个凭证。时代尽迁异，人事尽变化，你的音乐还是永远不受损伤，今晚上我在此地听你，这歌声还不是在几千年前已经在着，富贵的王子曾经听过你，卑贱的农夫也听过你：也许当初罗司那孩子在黄昏时站在异邦的田里割麦，她眼里含着一包眼泪思念故乡的时候，这同样的歌声，曾经从林子里透出来，给她精神的慰安；也许在中古时期幻术家在海上变出蓬莱仙岛，在波心里起造着楼阁,在这里面住着他们摄取来的美丽的女郎,她们凭着窗户望海思乡时,你的歌声也曾经感动她们的心灵,给她们平安与愉快。"

八

这段是全诗的一个总束,夜莺放歌的一个总束,也可以说人生的大梦的一个总束。他这诗里有两相对的(动机);一个是这现世界,与这面目可憎的实际的生活:这是他巴不得逃避,巴不得忘却的;一个是超现实的世界,音乐声中不朽的生命,这是他所想望的,他要实现的,他愿意解脱了不完全暂时的生,为要化入这完全的永久的生。他如何去法,凭酒的力量可以去,凭诗的无形的翅膀亦可以飞出尘寰,或是听着夜莺不断的唱声也可以完全忘却这现世界的种种烦恼。他去了,他化入了温柔的黑夜,化入了神灵的歌声——他就是夜莺,夜莺就是他。夜莺低唱时他也低唱,高唱时他也高唱,我们辨不清谁是谁,第六第七段充分发挥"完全的永久的生"那个动机,天空里,黑夜里已经充塞了音乐——所以在这里最高的急调尾声一个字音 forlorn 里转回到那一个动机,他所从来那个现实的世界,往来穿着的还是那一条线,音调的接合,转变处也极自然;最后糅和那两个相反的动机,用醒(现世界)与梦(想像世界)结束全文,像拿一块石子掷入山壑内的深潭里,你听那音响又清切又谐和,余音还在山壑里回荡着,使你想见那石块慢慢的,慢慢的沉入了无底的深潭……音乐完了,梦醒了,血呕尽了,夜莺死了! 但他的余韵却袅袅的永远在宇宙间回响着……

十三年十二月二日夜半

载上海《小说月报》第 16 卷第 2 号(1925 年 2 月)

意大利与丹农雪乌[①]

　　一个民族都有他独有的天才,对于人类的全体,玛志尼说的,负有特定的天职,应尽殊特的贡献。这位热心的先觉,爱人道,爱自由,爱他的种族与文化,在意大利不曾统一以前,屡次宣言他对于本国前途无限的希望。他确信这"第三的意大利",不但能摆脱外国势力的羁绊,与消除教会的弊恶,重新规复他民族的尊荣,统一与独立,并且还能开放他创造的泉源,响应当年罗马帝国与文艺复兴的精神与文采,向西欧文化不绝的洪流,再输新鲜的贡献;施展他民族独有的天才,增益人类的光荣,调谐进化的音节。如今距意大利统一已经半世纪有余,玛志尼的预言究竟应验了不曾?他的期望实现了不曾?知道欧洲文化消长的读者,不用说,当然是同意肯定的。这第三的意大利,的确是第二度的文艺复兴,"他的天才与智力",汉复德教授 (Prof. C. H. Herford:The Higher Mind of Italy, 1920)说的,"又是一度的开花与结果,最使我们惊讶的,是他的个性的卓著;新欧的文化,又发现了这样矫健、活泼的精神,真是可喜的现象。我们随便翻阅他们新近出版的著述,便可以想像这新精神贯彻他们思想的力

---

① 丹农雪乌:D'Annunzio,今译邓南遮。

量,新起的诗文,亦是蓬勃中有修练,回看十九世纪中期的散漫与怠懒,这差别是大极了"。

拉丁民族原来是女性的民族,意大利山水的清丽与温柔,更是天生的优美的文艺的产地。但自文艺复兴时期的兴奋以后的几百年间,意大利像是烈焰遗剩下的灰烬,偶尔也许有火星跳动着,再炽的希望,却是无期的远着;同时阿尔帕斯北方刚健的民族,不绝的活动着,益发反衬出他们娇柔的静默。但如政治统一以来,意大利已经证明她自己当初只是暂时的休憩,并不是精力的消竭,现在伟大的动力又催醒了她潜伏的才能;这位妩媚的美人,又从她倦眠着的榻上站了起来,用手绢拂拭了她眉目间的倦态,对着艳丽的晨光辗然的微笑。她这微笑的消息是什么,我们只要看意大利最近的思想与文艺的成就。现在他们的哲学家有克洛赛(Benedetto Croce)与尚蒂尔(Gentile);克洛赛不仅是现代哲学界的一个大师,他的文艺的评衡学理与方法,也集成了十九世纪评衡学的精萃,他这几年只是踞坐在评衡的大交椅上,在他的天平上,重新评定历代与各国不朽的作品的价值。阿里乌塔(Aliotta)也是一个精辟的学者,他的书——The Idealistic Reaction against Science in the Nineteenth Century——虽则知道的不多,也是一部极有价值的著作。文艺界新起的彩色,更是卓著:微提 (Verdi) 的音乐,沙梗铁泥(Segantini)的画,卡杜赛(Carducci)、微迦(Verga)、福加沙路(Fogazzaro)、巴斯古里(Pascoli)与丹农雪乌的诗:都是一代的宗匠,真纯的艺术家。

但丹农雪乌在这灿烂的群星中,尤其放射着骇人的异彩,像一颗彗星似的,曳着他光明的长尾,扫掠过辽阔的长天。他是一个怪杰,我只能给他这样一个不雅驯的名称。他是诗人,他是小说家,他是戏剧家;他是军人,他是飞行家;他是演说家,他自居是"大政治家",他是意大利加入战争的一个主因,他是菲沪楣那场恶作剧的主角;他经过一度爱国的大梦,实现过——虽则霎时的——他的"诗翁兼君王"的幻想;他今年六十二岁,瞎了一眼(战时),折了一腿,但他的精力据说还不曾衰竭;这彗星,在他最后的翳隐前,也许还有一两次的闪亮。

他是一个异人,我重复的说,我们不能测量他的力量,我们只能惊讶他的成绩。他不是像寻常的文人,凭着有限的想像力与有限的创作力,尝试着这样与那样;在他,尝试便是胜利:他的诗,他的散文,他的戏剧,他的小说,都有独到的境界,单独的要求品评与认识。他的笔力有道斯妥奄夫斯基的深彻与悍健,有茀洛贝的严密与精审,有康赖特(Joseph Conrad)禽捉文字的本能,有斐德的神韵,有高蒂霭(Theophile Gautier)雕字琢句的天才。他永远在幻想的飓风中飞舞,永远在烈情的狂涛中旋转。他自居是超人:拿破仑的雄图,最是戟刺他的想像。他是最浪漫的飞行家:他用最精贵的纸张,最端秀的字模,印刷他黄金的文章,驾驶着他最美丽的飞艇, 回首向着崇拜他的国民, 微笑的飞送了一个再会的手吻,冉冉的没入了苍穹。他在满布着网罗的维也纳天空,雪片似的散下他的软语与强词,热情与冷智;他曾想横度太平洋,在白云间饱览远东的色彩。他在国会中倾泻他的雄辩,旋转意大利的政纽,反斗德奥,自开战及订和约,他是意大利爱国热的中心,他是国民热烈的崇拜的偶像,他的家在水市的威尼士:便是江朵蜡(Gondola 威尼士渡船名)的船家,每过他的门前,也高高的举着帽子致敬,"意大利万岁! 丹农雪乌万岁! "的呼声,弥漫在星河似的群岛与蛛网似的运河间。他往来的信札,都得编号存记着,因为时常有人偷作纪念。他生平的踪迹,听了只像是一个荒诞的童话。我们单看在菲沪楣时期的丹农雪乌,那时他已经将近六十,但他举措的荒唐,可以使六岁的儿童失笑。每次他的军队占了胜利,他就下令满城庆祝，他自己也穿了古怪的彩衣，站在电扎的花楼上，与菲沪楣半狂的群众，对晃着香槟的高杯，烂醉了一切，遗忘了一切。玫瑰床是一个奢侈的幻想；但我们这位"诗翁君王"的卧房里与寝榻上，不仅是满散着玫瑰的鲜花，并且每天还得撒换三次：朝旭初起时是白色，日中天时是绯色，晚霞煊染时是绛色！他的脚步是疾风，他的眼光是闪电，他的出声如金钲，他的语势如飞瀑；这不是状词的滥用，这是会过他的人确切的印象；英国人 Lewis Hind 有一次在威尼士的旅馆餐室里听他在旁桌上谈话，他说除非亲自听着没有人肯相信或能想像的，即使亲自听着了，比方我自己，他也不容易相信一样的口与舌，喉管与声带，会得溢涌出那样怒潮与大瀑与疾雷似的语言与音调。

这样的怪人，只有放纵与奢侈的欧南可以产出，也只有纵容怪僻，崇拜非常如意大利的社会，可以供给他自由的发展与表现的机会。他的著作，就是他异常的人格更真切的写照；我们看他的作品，仿佛是面对着赤道上的光炎，维苏维亚的烈焰，或是狂吼着的猛兽。他是近代奢侈、怪诞的文明的一个象征，他是丹德与米仡朗其罗与菩加佐乌的民族的天才与怪僻的结晶。汉复德教授说："…Whose(D'Annunzios')personality might be called a brilliant impressionist sketch of the talents and failings of the Italian character, reproducing sense in heightened but veracious illumination, others in glaring caricature or paradoxical distortion …"

载北京《晨报副刊》1925 年 5 月 11 日

丹农雪乌的青年时期

丹农雪乌的故乡是在爱得利亚海边上的一个乡村，叫做早试加拉·阿勃鲁栖省(Abruzzi)的一个地方。他出世的年分是一八六三年，距今六十一年。那一带海边是荒野的山地，居民是朴实、勇健、粗鲁、耐苦，他的父亲大概是一个农夫：他的自传里说，他的铁性的肌肉是他父亲的遗传，他的坚强的意志与无餍的热情是他的母亲的遗传。他有三个姊妹，都不像他。他有一个乳娘，老年时退隐在山中，他有一部诗集是题赠给她的，对照着他自己的"狂风暴雨"的生涯，与她的山中生活的安闲与静定：

> 妈妈，你的油灯里的草心，
> 缓缓的黳泯，前山
> 松林中的风声与后山的虫吟，
> 更番的应和着你的纺车
> 迟迟的呻吟，慰安你的慈心。
>
> (意译 Dedication of "Ⅱ Poema Paradisiaco")

徐志摩解读名人

他在他的自传——《灵魂的游行记》——里，并没有详细的记述他幼年期的事迹。但他自己所谓"酣彻的肉欲"，他的人格与他的艺术的最主要的元素，在他的童年时已经颖露了。"肉欲"是 Sensuality 不确切的译名，这字在这里应从广义解释，不仅是性欲，各种器官的感觉力也是包括在内的。因为他的官感力殊特的强悍与灵敏，所以他能勘现最秘奥与最微妙的现象与消息，常人的感官所不易领略的境界。他的生命只是一个感官的生命，自然界充满着神秘的音乐，他有耳能听；精微的色彩，他有目能察；馥郁的香与味，他有鼻与舌能辨析；人间无穷的隐奥的变幻与结合，他有锐利的神经能认识，能区别，能通悟。他的视觉在他的器官中尤其是可惊的敏锐；他的思想的材料，仿佛只是实体的意像，他与法国的绿帝 Pierre Loti 一样，开口即是想像的比喻。他的性欲的特强，更不必说；这是他的全人格的枢纽，他的艺术创作的灵感的泉源。在他早年的诗里，我们可以想像一个聪明、活泼的孩子，在他的本乡的海边，山上，乡村里，田垄间，快活的闲游着；稻田里的鸟语，舂米，制乳酪，机梭，种种村舍的音籁，山坡上的牲畜的鸣声，他听来都是绝妙的音乐；海，多变幻的爱得利亚海，尤其是他的想像力的保姆与师傅(单就他的写海的奇文，他已经足够在文学界里占一个不朽的地位，史温庞——Swinburne——也不如他的深刻与细腻)。不但有声有色的世界，就是最平庸最呆钝的事物，一经他的灵异的感觉的探检，也是满蕴着意义与美妙。单就事物的区别，白石是白石，珊瑚是珊瑚，白掬不是红枫，青榆不是白杨，——即此"物各有别"的一个抽象概念，也可以给他不可言状的惊讶与欣喜，仿佛他已经猜透了宇宙的迷谜。

他的青年期当然是他的色情的狂吼时代。性的自觉在寻常人也许是缓渐的、羞怯的发现，在他竟是火岩的炸裂，摧残了一切的障碍与拘束,在青天里摇着猛恶的长焰。他在自传里大胆的叙述,绝对的招认,好比如饿虎吃了人,满地血肉狼藉的,他却还从容的舐净他的利爪,摇舞着他的劲尾,大吼了几声,报告他的成绩。"肉呀!"他叫着,我将我自己交付给你,像一个年青无髭的国王,将他自己交给那美丽的、可怖的戎装的女郎。看呀,她来了! 她得了胜利回来。在欢呼着的市街中庄严的走来了。这温柔的国王,一半是惊,一半是爱,他的希望嘲笑着他的怕惧。这是他的大言,实际上他并不曾单纯的纵欲,他不是肉体的奴隶,成年期性欲的冲动,只是解放他的天才的大动力,他自此开始了他的创造的生命。"肉呀,你比如精湛的葡萄被火焰似的脚趾蹂躏着,比如白雪上淋漓着鲜血的踪迹。"

他第一部的诗集——Primo Vere——是他十八岁那年印行的,明年印行他的 Canto Novo,又明年他的 Intermezzo di Rime。那时卡杜赛(Carducci)是意大利领袖的诗人,丹农雪乌早年的诗,最受他的影响。他的词藻,浓艳而有雅度,馥郁而不失逸致,是他私淑卡氏的成绩。同时他也印行他的短篇小说,第一本是 Terra Virgine 1883,第二本 Ⅱ Libro delle Virgini,第三本 Sanpanta loere。他的材料是他的本乡的野蛮的习俗。他的短篇小说的笔调,与他早年的诗不同,他受莫泊桑的感化,用明净的点画写深刻的心理,但这是他的比较不重要的作品。

他的第二个时期从他初次到罗马开始。这不凡的少年,初次从他的鄙塞的本乡来到了最光荣的大城,从他的朴野的伴侣交接了最温文的社会,从他的粗沧的海滨睹面了最伟大的艺术——我们可以想像这伟大的变迁如何剧烈的影响他正苞放着的诗才,鼓动他的潜伏着的野心。意大利一个有名的评衡家说,"阿勃鲁栖给他民族的观念,罗马给他历史的印象"。罗马不仅是伟大的史迹的见证,不仅是艺术的宝库,

徐志摩解读名人

他永远是人类文化的标准；这是一个朝拜的中心，我们想不起近代的一个诗人或美术家他不曾到这不朽的古城来挹取他需要的灵感。自从意大利政治统一以来，这古城又经一度的再生，当初帝国的威灵，又一度的显应，意人爱国的狂热，仿佛化成了千万道的虹彩，在纯碧的天空中，临照着彼得寺与古剧场的遗迹，庆祝第三意大利与罗马城的千古。卡杜赛一群的诗人，当然也尽力的讴歌，助长爱国的烈焰。丹农雪乌初到罗马，正当民族主义沸腾的时期，他也就投身在这怒潮中，尽情的倾泻出他的讴歌的天才，他的"Italianita"(意大利主义)虽则不免偏激，如今看来很是可笑的，但他自此得了大名，引起了全国的注意，隐伏他未来的政治生涯。

载北京《晨报副刊》1925 年 5 月 13 日

叔本华与叔本华的妇女论

我们又来犯大不韪了！叔本华的妇女论是一篇无忌惮的"毁文"，他的古怪脾气，他的偏僻性，他的厌世观，他的打破偶像主义，都在这篇短文里得到了尽情的发泄。哲学家的头脑不是平常人的头脑；他的视觉，比如诗人与艺术家的，也不止是平常人的视觉。在我们肉眼看来，椅子只是椅子，一只猫就是一只猫；在哲学家看来，椅子却不仅是椅子，他要问他自己关于椅子同时又绝对不关椅子种种古怪的问题，在不能得到满意答复以前他是不会舒服的。"什么是椅子？""为什么一只椅子不是一只猫，一只猫又不是一只狗？"这还是比较简单的。哲学家就比是顶顽皮的孩子，什么东西一到他的手就保不周全，虽则他把东西拆烂了心里还不一定痛快，不过总比不拆好些就是。偌大这一个宇宙，这样复杂的生的现象，都经不起那哲学家大孩子的拆，要不了几分钟，整体的宇宙与人生都没了；很多次他自己怀疑到正在运思中的脑袋，他得往墙上去碰出口里一声阿唷来才能无条件的相信他自身的存在。但他们的顽皮还不止单纯的破坏；他们还想来把他们拆烂了的断片按着自己意思重新给造起来，那才是我们觉得哲学家们真正麻烦讨人厌的地方。白马就是白马，白玉就是白玉好了；即使你说你骑在胯下的那匹白马实在是在你自己的心里,实在没有这样东西,那也还不要紧;不,他偏要来无中生有的从白马与白玉与白什么的句里面抽出一个白的性来,叫做白性。这一来就是无穷麻烦的开场。因此就有了种种的人生观,宇宙观,你的放不进我的里面去,他的也放不进你的里面去,你说他的没有上底,他说我的漏了缝盛不了水,彼此谁都不肯让谁,大家挤在鬼怪作祟的文字的暗弄里巴望发现光亮。中国哲学家离不了他的性与道,西洋的玄学家离不了他的怎么实在论与认识论。我们凡人头脑简单的实在是摸不清这个有趣的麻烦,跟不上这热闹。有一天我在洋车上与一个朋友无意中说洋话,却不道恼了拉车的那位先生,他扭过头来说:"先生你们说的是什么话呀?我们真的听不懂阿!"我想我们也很想扭过头去对哲学家们说一样的话:"先生你们说的是什么话呀?我们真的听不懂啊!"但同时我们却不疑惑他们的确是比我们聪明,他们的话里不能完全没有道理,犹之拉车的对着坐车的也总有相当的佩服。所以每回一个哲学家的腔调能够放平到我们平常人听得懂的时候,我们一定不肯失掉机会的。

叔本华就是这样一个哲学家。他的话至少有时不至于过分的高深,他居然能体谅我们的浅陋,不来成天嘛咪叭咪哄的吓诃我们乡曲。并且他不仅用比较明显的文字来说明他的"系统",他居然大讲讨论过女人来的。

尼采说他不能设想一个有太太的哲学家。不,我简直不能设想一个与任何女人发生任何关系的哲学家。至少在这一点他得"超人"。他是单身站在一个高峰的顶上,男女性的云霞却在山腰里涌着,永远沾不着他。苏格腊底斯过了性欲年纪,有人去吊唁他的不幸,他回答说假如一个人在老虎的利爪下逃了命,你们吊他还是贺他。英国的边沁活到八十多，只学会了逗着小猫玩。康德，罗素叫他"寇尼市贝格的老太监"，不用说，更是一辈子碰不到女人。斯宾塞也是一个老童男。尼采自己也只会击剑与喝啤酒。叔本华更寒伧，整天在法郎克福德城里带着一条小狗(人家叫它"小叔本华")飞快的走路。哲学家有太太的当然也不少，比如海格尔，休谟，但都是循规蹈矩的，我们很少听见正宗的哲学家有什么艳迹，除非你也算上从前的卢骚，那是到处碰钉子的，与现在的罗素，他是出名的 Ladykiller。

哲学家很少直接讨论女人的。希腊人论恋爱，永远是同性恋，不关女人的事。中世纪的哲学家都是和尚，他们怕女人抢他们的灵魂正如他们怕老虎吃他们的肉。女人，在古代，在中世纪，只当得是女人；山里有老虎，草里有蛇，世界上有女人，再没有讨论的余地。罗马的屋维特，不错，讲过女人，但他在这里也只是个唯实主义者，他的 Amores 是与叶德辉先生编的双梅景暗丛书同性质的著述，并且屋维特是诗人的分类多。

女性好像是诗人们的专利，哲学家是没分的。他们因为缺乏经验，也就没得话说。在他们有相当经验的时候，他们看作不够重要，不值得认真的讨论。叔本华第一个破例。并且也不是因为他的女性的经验一定比那"寇尼市贝格的老太监"高明多少，他比众不同的只是他的坏脾气；也算是女性该晦气，叫他消化不良时做的一篇短文骂一个透彻。叔本华是悲观哲学的近祖(什么哲学的远祖都得到希腊去寻)；他只认痛苦是实在，快乐只是痛苦的缺席；他奖励自杀，这是从印度来的，从身体的毁灭中求灵的解脱；女人，不消说，他当然看作一种必要的恶业。有人说他的悲观哲学是完全从他早年恋爱失败里来的。我却不曾查考过他是否有过任何的恋爱经验。他的宇宙的中心是他自己，周围也是

101

他自己；他只有他自己。他的虚荣是磅礴的。他一辈子没有密切的朋友，男女都没；自己的娘与妹子都与他吵断到死不见面的。谁都跟他合不上，除了他的小狗。他就会怪人；前半世不曾出名的时候他就成天抱怨社会不认识他的天才，后半世还是成天抱怨，怨社会对他的恭维不够过他的瘾。他咒诅生命，同时他自己最最怕死，一小点子危险的影子就可以赶他远远的逃命。他的同行嫉妒是不能信的；他骂海格尔、菲希德诸家的话永远是他自身的大污点。为了小小的事情他有一次发了大脾气，把一个女人从屋子里直摔出去，成了残疾，结果招了好几年的官司，还得养老她终身。像卢骚一样，他也叫"自馁隐组"(Inferiority complex，我随便翻的)追了他一辈子。

这是我们的哲学家，肆意毁谤女性的哲学家。我们不能不佩服他的大胆。我不知道当时的反响怎样。反正他的脑袋没有叫女权论者打扁；德国的妇女终究还是温和的。不，叔本华倒反因此得了读者们的殊宠，到如今还是的，西欧那一个有知识的女子不曾笑吟吟朗诵过他的大文。尼采说，每回你去接近女人，不要忘了带一根鞭子。有地方男人不打女人是没有感情的确证。英国爱看萧伯纳的戏也是同一心理作用——骂得舒服。但这也不全是的，叔本华与萧伯纳会得写文章是真的。在他的意志论、他的康德哲学批评一类文章再没有人请教的时候，他的妇女论还是可诵的；但这并不是我们今天把它译登的本意。慰慈的译文并不怎样仔细，他本来自己加上一段道歉的话并且警告缺少幽默的读者不必冒生气的险。但高等教育的一个凭据，骞司特登说，是不仅捱人家不生气，并且会得自骂自己不生气。我们盼望我们的男女读者们都有某程度的幽默，不至于对六十五年前的死老儿闹不实际的意气。

叔本华的女性观察,当然不仅十分的过火,并且有地方是不对的。但他在他那时期,在他那一级社会里的妇女,我们可以推想的确是给他骂苦了——全骂着了。我是相信进化原则的,人类不论男女当然不是完全的,但他是可进化的,并且历史的看的确是进化的,我们现有的文化,不容讳言,确是完全男性的事业。女性是叫男性压着的,全世界都是的,不仅中国。但这近百年来却大大的换样了。不仅在学理上我们对女性的根本观念完全的改变了,不仅妇女在社会上的地位改变了,不仅她的人格在人类所有的活动里取得了与男子同等的认识,并且女子们实际上已经给了我们可惊的成绩,在学识上,在事业上,甚至于在创作的艺术界里(一个嘴巴给我们的哲学家,他说女子不但不能创作并且不能领会艺术)。我们已经眼见着伟大的女科学家,女学问家,女音乐家,女画家,女雕刻家,女诗人,女小说家,甚至女政治家,女法律家,在任何智力与创造力的活动里她们已经充分证明她们的能耐,在一切压迫的势力让步的时候。跟着这智力的增加与灵性的扩大,她们原先在不平等甚至野蛮的社会状况底下养成的习惯与性情,也当然经受了极大的变化。所以叔本华那篇文章可以当作一篇节帐看,他这里结束了欧洲封建遗蜕的社会里的妇女——不负责任,没有公德心,孩子气,欺骗,作伪,见识浅薄,奢华,琐碎,虚荣心,嫉妒等等——此后却开始了一个新的光荣的妇女的纪元。这也是我们中国现代社会可以借镜的一篇文章,我们不妨拿我们在北京看得见的社交妇女去比较叔本华当初骂而且完全骂着的欧洲妇女,看是否在他们已经僵成化石的在我们还是亭亭的鲜艳的花草,看是否在他们已经渐次完全脱离的缺陷的女性在我们正在尽情的仿制;同时我们也应得想想在他们已经实现的女性的尊严与天才在我们这里有影子见着了没有;在他们女性新得

103

的权利是她们应得的权利,能耐与成绩公正的报酬,在我们是否还不免是不应分的要求。

新近罗素夫人勃兰克女士出了一本小册子,叫《哈哀贝希亚》(Hypatia,中世纪一个被判异端罪烧死的一个女学者),总结这百年来女性的成绩与此后的希望(许已见中译,如未颇值得译)。提倡女权的小说家乔治(W.L.George)也出一书单叫《女人》,极同情极精湛的一篇论文,讲尼采哲学的鲁屠维基(Ludovlci),也有论妇女将来的新书,比较的有"反革命性"。又有一个奥国怪人叫 Otto Weininger 十九岁(他二十三岁就死了)写的一本《性与品》(Sex and Character)听说见解极怪,那又是骂女人的,一点是说女人是没有灵魂的(他是天主教)。但这一点并不新奇,百年前悲观派诗人理巴第(Leopardi)早就说过,他说因此男子最高的精神性的恋爱,比如丹德的,女子就永远不能领会。

罗曼罗兰

罗曼罗兰(Romain Rolland),这个美丽的音乐的名字,究竟代表些什么?他为什么值得国际的敬仰,他的生日为什么值得国际的庆祝?他的名字,在我们多少知道他的几个人的心里,唤起些个什么?他是否值得我们已经认识他思想与景仰他人格的更亲切的认识他,更亲切的景仰他;从不曾接近他的赶快从他的作品里去接近他?

一个伟大的作者如罗曼罗兰或托尔斯泰,正像是一条大河,它那波澜,它那曲折,它那气象,随处不同,我们不能划出它的一湾一角来代表它那全流。我们有幸在书本上结识他们的正比是尼罗河或扬子江沿岸的泥堆,各按我们的受量分沾他们的润泽的恩惠罢了。说起这两位作者——托尔斯泰与罗曼罗兰,他们灵感的泉源是同一的,他们的使命是同一的,他们在精神上有相互的默契(详后),仿佛上天从不教他的灵光在世上完全灭迹,所以在这普遍的混沌与黑暗的世界内,往往有这类禀承灵智的大天才在我们中间指点迷途,启示光明。但他们也自有他们不同的地方;如其我们还是引申上面这个比喻,托尔斯泰,罗曼罗兰的前人,就更像是尼罗河的流域,它那两岸是浩瀚的沙碛,古埃及的墓宫,三角金字塔的映影,高矗的棕榈类的林木,间或有帐幕的游行队,天顶永远有异样的明星；罗曼罗兰，托尔斯泰的后人，像是扬子江的流域，更近人间，更近人情的大河，它那两岸是青绿的桑麻，是连枌的房屋，在波鳞里泅着的是鱼是虾，不是长牙齿的鳄鱼，岸边听得见的也不是神秘的驼铃，是随熟的鸡犬声。这也许是斯拉夫与拉丁民族各有的异禀，在这两位大师的身上得到更集中的表现，但他们润泽这苦旱的人间的使命是一致的。

十五年前一个下午，在巴黎的大街上，有一个穿马路的叫汽车给碰了，差一点没有死。他就是罗曼罗兰。那天他要是死了，巴黎也不会怎样的注意，至多报纸上本地新闻栏里登一条小字："汽车肇祸，撞死了一个走路的，叫罗曼罗兰，年四十五岁，在大学里当过音乐史教授，曾经办过一种不出名的杂志叫 Cahiers de la Quinzaine 的。"

但罗兰不死，他不能死；他还得完成他分定的使命。在欧战爆裂的那一年，罗兰的天才，五十年来在无名的黑暗里埋着的，忽然取得了普遍的认识。从此他不仅是全欧心智与精神的领袖，他也是全世界一个灵感的泉源。他的声音仿佛是最高峰上的崩雪，回响在远近的万壑间。五年的大战毁了无数的生命与文化的成绩，但毁不了的是人类几个基本的信念与理想，在这无形的精神价值的战场上罗兰永远是一个不仆的英雄。对着在恶斗的漩涡里挣扎着的全欧，罗兰喊一声彼此是弟兄放手！对着蜘网似密布，疫疬似蔓延的怨恨、仇毒、虚妄、疯癫，罗兰集中他孤独的理智与情感的力量作战。对着普遍破坏的现象，罗兰伸出他单独的臂膀开始组织人道的势力。对着叫褊浅的国家主义与恶毒的报复本能迷惑住的智识阶级，他大声的唤醒他们应负的责任，要他们恢复思想的独立，救济盲目的群众。"在战场的空中"——"Above the Battle Field"——不是在战场上，在各民族共同的天空，不是在一国的领土内，我们听得罗兰的大声，也就是人道的呼声，像一阵光明的骤雨，激斗着地面上互杀的烈焰。罗兰的作战是有结果的，他联合了国际间自由的心灵，替未来的和平筑一层有力的基础。这是他自己的话——

"我们从战争得到一个付重价的利益，它替我们联合了各民族中不甘受流行的种族怨毒支配的心灵。这次的教训益发激励他们的精力，强固他们的意志。谁说人类友爱是一个绝望的理想？我再不怀疑未来的全欧一致的结合。我们不久可以实现那精神的统一。这战争只是它的热血的洗礼。"

这是罗兰，勇敢的人道的战士！当他全国的刀锋一致向着德人的时候，他敢说不，真正的敌人是你们自己心怀里的仇毒。当全欧破碎成不可收拾的断片时，他想像到人类更完美的精神的统一。友爱与同情，他相信，永远是打倒仇恨与怨毒的利器；他永远不怀疑他的理想是最后的胜利者。在他的前面有托尔斯泰与道施滔奄夫斯基（虽则思想的形式不同），他的同时有泰谷尔与甘地（他们的思想的形式也不同），他们的立场是在高山的顶上，他们的视域在时间上是历史的全部，在空间里是人类的全体，他们的声音是天空里的雷震，他们的赠与是精神的慰安。我们都是牢狱里的囚犯，镣铐压住的，铁栏锢住的，难得有一丝雪亮暖和的阳光照上我们黝黑的脸面，难得有喜鹊过路的欢声清醒我们昏沉的头脑。"重浊，"罗兰开始他的《贝德花芬传》：

"重浊是我们周围的空气。这世界是叫一种凝厚的污浊的秽息给闷住了——一种卑琐的物质压在我们的心里，压在我们的头上，叫所有民族与个人失却了自由工作的机会。我们全让掐住了转不过气来。来，让我们打开窗子好叫天空自由的空气进来，好叫我们呼吸古英雄

107

们的呼吸。"

　　打破我执的偏见来认识精神的统一;打破国界的偏见来认识人道的统一。这是罗兰与他同理想者的教训。解脱怨毒的束缚来实现思想的自由;反抗时代的压迫来恢复性灵的尊严。这是罗兰与他同理想者的教训。人生原是与苦俱来的;我们来做人的名分不是咒诅人生因为它给我们苦痛,我们正应在苦痛中学习,修养,觉悟,在苦痛中发现我们内蕴的宝藏,在苦痛中领会人生的真际。英雄,罗兰最崇拜如密仡朗其罗与贝德花芬一类人道的英雄,不是别的,只是伟大的耐苦者。那些不朽的艺术家,谁不曾在苦痛中实现生命,实现艺术,实现宗教,实现一切的奥义?自己是个深感苦痛者,他推致他的同情给世上所有的受苦者;在他这受苦,这耐苦,是一种伟大,比事业的伟大更深沉的伟大。他要寻求的是地面上感悲哀感孤独的灵魂。"人生是艰难的。谁不甘愿承受庸俗,他这辈子就是不断的奋斗。并且这往往是苦痛的奋斗,没有光彩,没有幸福,独自在孤单与沉默中挣扎。穷困压着你,家累累着你,无意味的沉闷的工作消耗你的精力,没有欢欣,没有希冀,没有同伴,你在这黑暗的道上甚至连一个在不幸中伸手给你的骨肉的机会都没有。"这受苦的概念便是罗兰人生哲学的起点,在这上面他求筑起一座强固的人道的寓所。因此在他有名的传记里他用力传述先贤的苦难生涯,使我们憬悟至少在我们的苦痛里,我们不是孤独的,在我们切己的苦痛里隐藏着人道的消息与线索。"不快活的朋友们,不要过分的自伤,因为最伟大的人们也曾分尝你们的苦味。我们正应得跟着他们的努奋自勉。假如我们觉得软弱,让我们靠着他们喘息。他们有安慰给我们。从他们的精神里放射着精力与仁慈。即使我们不研究他们的作品,即使我们听不到他们的声音,单从他们面上的光彩,单从他们曾经生活过的事实里，我们应得感悟到生命最伟大，最生产——甚至最快乐——的时候是在受苦痛的时候。"

我们不知道罗曼罗兰先生想像中的新中国是怎样的；我们不知道为什么他特别示意要听他的思想在新中国的回响。但如其他能知道新中国像我们自己知道它一样，他一定感觉与我们更密切的同情，更贴近的关系，也一定更急急的伸手给我们握着——因为你们知道，我也知道，什么是新中国，只是新发见的深深的悲哀与苦痛深深的盘伏在人生的底里！这也许是我个人新中国的解释；但如其有人拿一些时行的口号，什么打倒帝国主义等等，或是分裂与猜忌的现象，去报告罗兰先生说这是新中国，我再也不能预料他的感想了。

我已经没有时候与地位叙述罗兰的生平与著述；我只能匆匆的略说梗概。他是一个音乐的天才，在幼年音乐便是他的生命。他妈教他琴，在谐音的波动中他的童心便发见了不可言喻的快乐。莫察德与贝德花芬是他最早发见的英雄。所以在法国经受普鲁士战争爱国主义最高激的时候，这位年轻的圣人正在"敌人"的作品中尝味最高的艺术。他的自传里写着："我们家里有好多旧的德国音乐书。德国？我懂得那个字的意义？在我们这一带我相信德国人从没有人见过的。我翻着那一堆旧书，爬在琴上拼出一个个的音符。这些流动的乐音，谐调的细流，灌溉着我的童心，像雨水漫入泥土似的淹了进去。莫察德与贝德花芬的快乐与苦痛，想望的幻梦，渐渐的变成了我的肉的肉，我的骨的骨。我是它们，它们是我。要没有它们我怎过得了我的日子？我小时生病危殆的时候，莫察德的一个调子就像爱人似的贴近我的枕衾看着我。长大的时候，每回逢着怀疑与懊丧，贝德花芬的音乐又在我的心里拨旺了永久生命的火星。每回我精神疲倦了，或是心上有不如意事，我就找我的琴去，在音乐中洗净我的烦愁。"

要认识罗兰的不仅应得读他神光焕发的传记，还得读他十卷的 Jean Christophe，在这书里他描写他的音乐的经验。

他在学堂里结识了莎士比亚，发见了诗与戏剧的神奇。他的哲学的灵感，与葛德一样，是泛神主义的斯宾诺塞。他早年的朋友是近代法国三大诗人：克洛岱尔 (Paul Claudel 法国驻日大使)，Ande Suares，与 Charles Peguy(后来与他同办 Cahiers de Ja Quinzaine)。那时槐格纳是压倒一时的天才，也是罗兰与他少年朋友们的英雄。但在他个人更重要的一个影响是托尔斯泰。他早就读他的著作，十分的爱慕他，后来他念了他的艺术论，那只俄国的老象——用一个偷来的比喻——走进了艺术的花园里去，左一脚踩倒了一盆花，那是莎士比亚，右一脚又踩倒了一盆花，那是贝德花芬，这时候少年的罗曼罗兰走到了他的思想的歧路了。莎氏，贝氏，托氏，同是他的英雄，但托氏愤愤的申斥莎、贝一流的作者，说他们的艺术都是要不得，不相干的，不是真的人道的艺术——他早年的自己也是要不得不相干的。在罗兰一个热烈的寻求真理者，这来就好似青天里一个霹雳；他再也忍不住他的疑虑。他写了一封信给托尔斯泰，陈述他的冲突的心理。他那年二十二岁。过了几个星期罗兰差不多把那信忘都忘了，一天忽然接到一封邮件：三十八满页写的一封长信，伟大的托尔斯泰的亲笔给这不知名的法国少年的！"亲爱的兄弟，"那六十老人称呼他，"我接到你的第一封信，我深深的受感在心。念你的信，泪水在我的眼里。"下面说他艺术的见解：我们投入人生的动机不应是为艺术的爱，而应是为人类的爱。只有经受这样灵感的人才可以希望在他的一生实现一些值得一做的事业。这还是他的老话，但少年的罗兰受深彻感动的地方是在这一时代的圣人竟然这样恳切的同情他，安慰他，指示他，一个无名的异邦人。他那时的感奋我们可以约略想像。因此罗兰这几十年来每逢少年人有信给他，他没有不亲笔作复，用一样慈爱诚挚的心对待他的后辈。这来受他的灵感的少年人更不知多少了。这是一件含奖励性的事实。我们从此可以知道，凡是一件不勉强的善事就比如春天的薰风，它一路来散布着生命的种子，唤醒活泼的世界。

但罗兰那时离着成名的日子还远，虽则他从幼年起只是不懈的努力。他还得经尝身世的失望(他的结婚是不幸的，近三十年来他几乎是完全隐士的生涯，他现在瑞士的鲁山，听说与他妹子同居)，种种精神的苦痛，才能实受他的劳力的报酬——他的天才的认识与接受。他写了十二部长篇剧本，三部最著名的传记(密仡朗其罗，贝德花芬，托尔斯泰)，十大篇 Jean Christophe，算是这时代里最重要的作品的一部，还有他与他的朋友办了十五年灰色的杂志，但他的名字还是在晦塞的灰堆里掩着——直到他将近五十岁那年，这世界方才开始惊讶他的异彩。贝德花芬有几句话，我想可以一样适用到一生劳悴不息的罗兰身上：

　　我没有朋友，我必得单独过活；但是我知道在我心灵的底里上帝是近着我，比别人更近。我走近他我心里不害怕，我一向认识他的。我从不着急我自己的音乐，那不是坏运所能颠仆的，谁要能懂得它，它就有力量使他解除磨折旁人的苦恼。

　　　　　　　　　　　　　　　　　　十四年十月

载北京《晨报副刊》1925 年 10 月 31 日

徐志摩解读名人

一点点子契诃甫①

生活是够腻烦的,谁都感得到,但我们弄笔头的似乎感受得比一般人更深刻些——至少在他们的写作里,我们缺少根底,缺少力量,缺少自信,因此容易摇惑,容易颓丧,容易失望。我们做人的步子走不稳,写作的笔杆也把不定。我们常想扭回头去问支配我们生命的运命,"我前途究竟是怎么一回事,别给我糊涂了,早些告诉我成不成?"初上场的作者们常常想望一种类似 X 光线的照透他们的灵魂,看这里面究竟胚胎着几篇有生命的文章,几首诗,几本剧文。这摸黑弄的味儿其实是太难受! 这是我们的一个苦恼。还有一种常听得见的问题是:写小说的要知道小说终究应该怎样写,做诗的要知道诗终究应该怎样做。我们愈写愈糊涂,实习是一件事,原则又是一件事,写得的不定同时是懂得的,创作家不定同时是批评家。

这类的烦恼,我们有安慰知道,不是我们小人们单独感到的,实际上没有一个大艺术家不是初起(甚至终身)不怀疑自己的能耐的。谁要自以为是怎么样,我们就可以知道他是怎么一回事。自满自是——是

---

① 契诃甫:Anton chekhov,今译作契诃夫,全名为安东·巴甫洛维奇·契诃夫;文中"高该"(Maksim Gorky),今译作高尔基。

所有有任何深度的灵性的人们所不知道的，在我们崇拜敬爱的作者里，有不少留下给我们——我们的安慰也是我们的利益——他们当初自寻烦恼的痕迹；他们的日记，他们的私信，他们的谈话。开茨，罗刹蒂，席勒，葛德，尼采，道施滔奄夫斯奇，高该，契诃甫，王尔德，达文睿，贝德花芬，单提最伟大的几个。他们也坐更深，扭紧着眉头，手按着胸膛，眼泪在眶子里沸动，自己跟自己过不去，永远的——也不知为什么。我们要尽量知道他们的苦恼，因为这来我们可以自解，至少在苦恼这件事上，我们不是孤单的。

契诃甫是我们一个极密切的先生，极亲近的朋友。他不是云端里的天神，像我们想像中的密仡郎其罗；不是山顶上长独角的怪兽，像尼采；他也不是打坐在山洞里的先觉，像托尔斯泰；不是阴风里吹来的巨影，像安特列夫；不是吹银箔包的九曲弯喇叭的浪人，像波特莱亚。他不吓我们，不压我们，不逼迫，不窘我们；他走我们走的路，见我们见的世界，听我们听的话，也说我们完全听懂的话。他是完全可亲近的一个伟人。

我们看他的故事，爱他的感动，因为他给我们的不是用火炼，用槌子打，用水冲洗过的"艺术"；他不给我们生活的"描写"；他给我们"真的生活"。他出来接见我们，永远是不换衣服的，正如他观察的生活永远是没有衣饰的。他的是平凡的，随熟的，琐细的，亲切的，真实的生活。这是他的伟大。

我们翻过来的契诃甫，已经狠有分量，但我们知道的还止是契诃甫成篇的著作。契诃甫的杰作却不止他的小说，他的剧本；他的信札(新近陆续发见的)，他的札记，也是他给我们的珍贵的遗产。是我们的利益，也是我们的安慰。可惜我没有耐心，永远不能做完成一件事；我

113

翻过一点点法郎士又停了,一点点达文赛又没了,一点点尼采又歇了,——现在我又来介绍契诃甫了!下面只是他信札的节译,前三段是给高该 (Maxim Gorki) 的,末一节是给他哥哥的。我正看着他的札记 (Tchekhov,Note-Books,by Hogerth Press, London),有趣得狠,兴来时许再翻一点点给你们看,年纪大的人看了可以笑笑,年纪轻的人看了可以想想。

一

六月二十二,一八九九,莫斯科

你颓丧什么了。我的麦克席姆?为什么这样汹汹的不满意你的 Foma Gordeyer?在我看来(如其你许我说),你的情形是有两个理由。你一起写东西就出了名,你上场的锣鼓是响亮的,所以现在一落平凡你自己就不自在,叫你沮丧。这是一个理由。第二是:一个作者是不能在外省过生活的,免不了受影响。随你怎么说,你已经吃着了文学的苹果,你已经是不可救的中了毒,你是一个作者,并且你永远是一个作者了。一个作者应分的生活,是接近文学界,交接作者们,呼吸文学的空气。所以你用不着存心抵抗,合该你投降,撑开了也就罢了——快搬到彼得堡或莫斯科来吧。尽你找他们吵架,骂苦他们,瞧他们不起,都成,可是你还得跟他们一起混。

二

六,二十七,一八九九,莫斯科

上封信上我说你做东西是打了锣鼓上场并且一来就出名,我并不存什么挖苦的意思——不是箴也不是贬。我并不曾想到谁的好坏，我只要告诉你，你在文学上并不经过神学院的训练，你一来就当牧师;你现在觉着烦，因为你发见你得领袖来做礼拜却没有一个经台。我要说的是:等一年或是两年，你自会得平静下去，那时你就会明白你的可爱的 Foma Gordeyer 是完全没有关系的。

三

九月三日,一八九九,耶尔他

……我还有一个劝告:你校对的时候你得尽量拉掉所有形容名词与动词的状词。你的堆砌太多,结果看的人不容易领会,倒容易生厌。当我写"那人在草地上坐着",谁都能明白我的意思,因为这句子是清楚,使人注意。我要是反个样儿写,看的人脑子里就觉得麻烦,就不容易懂,比如我写:"一个高高的,窄胸膛的,中等身材的,长着姜黄色胡子的,在青草地上坐着,他是叫路上人给挤倒了的;他默默的,怯怯的坐了下去,慌张的向周围望着。"这就不能一直打进人的脑筋里去,而写东西非得直打进人的脑筋里去不可,一下子的。还有一层:你天性是抒情的,组成你灵性的纤微是极柔纤的。你要是个音乐家,你不写得制进行曲的。要粗。要闹,要有牙齿咬,要大着嗓子争——这都不在你天才的范围内。所以我劝你校勘时不要怕麻烦,你得尽量的拉。

四

给他的哥,四月,一八八三(契诃甫时年二十三)

……你信上说"可是我又来随便说话了……这是我末一次给你的

115

信"，这类话全是废话，要点不在这里。那是用不着特别着重的。你是有力量的人，受教育的，多念书的人，应得着重关系生命的事情，关系永久的事情，不是细小的情感，要是真纯入道的灵性。你有的是能耐。你当然有！你是辨慧的，认识生活实在的，你是一个艺术家。你那信里描写森林那段文章都好，我要是上帝，就为你能写，我就饶恕你所有的罪过，有心或是无心，说话或是作事。……但我是论写东西你也太侧重琐碎的事情，你天生不是一个主观的作者。……那样的写法于你是不天生的；那是学来的。……要丢开那学得来的主观法，就比如喝一杯凉水一样的容易。就要你自己忠实一点子：把你自己整个儿丢在一边，不要把自己拿来作自己小说里的英雄，只要你能把自己丢开有半点钟的工夫。你写的一篇小说里讲一对年轻夫妻在吃饭的时候一直亲着嘴，坐着叽叽咕咕的说废话。通篇没有一句有意思的话，完全是"自得其乐"。你不是为看的人写。你写那空话就为你自己喜欢。为什么你不描写那顿饭，他们怎么吃法，他们吃什么，那厨子是怎样一个人，你的男子是怎样的俗气，怎样懒废自满，你的女子怎样的俗气，多可笑她爱那花泡的装扮的，填太肥的雄鹅谁都愿意看喂饱的快活的人物——那不错。但如果你要描写他们，你单写他们说些什么话亲了几回嘴是不够的。另外还得有一点子东西。你不能单就把度蜜日幸福的情形，从无成见的观者所得的印象写下就算完事。主观写法是怪讨厌的——就为它每每露出一个可怜的作者的手腕……

载北京《晨报副刊》1926年4月21日

116

杜 洛 斯 奇①

杜洛斯奇终究是一个可人。罗素早年游苏俄的时候叫他给媚住了；有一晚在剧场里他隔着厢座初次瞻仰了这位天神似的过激党魁，他的眼内(罗素说)放射着不可信的神光与威棱,这应分是征服女性无上的魔力(我新近在英国才听说罗素老先生自己是一个有名的女性征服者!)。

我也爱上了他,虽则我从没机会见过他;我不是爱他的貌,也不是慕他军事的天才,我爱的是他的论事的气魄,他的卓越的见地——简单说,他的广义的政治头脑。

(插话:中国人的相貌在西洋人看来最特别的地方是眼小鼻梁扁;眼睛是像浮面画着的,鼻子是像纸剪粘上的,这来喘气的与看世界的器官先就不争气,先就寒伧,怪不得我们做事情就是气短,看事情眼光只是不宽。这眼光或视域的宽窄是一个有趣的现象。先就肉眼说:比如我自己是近视,你去了我的镜子你在我的跟前站着我就分不清你的眉眼口鼻。但肉眼的近视还有法想,配准了镜光就行;至于我们心智的与灵性的视力先天有缺陷的时候, 正因为没形迹可寻就没法修理或补

---

① 杜洛斯奇:Leon Trotsky,今译作托洛茨基。其全名为列夫·达维多维奇·托洛茨基。

117

偿,这与思想力想像力薄弱的结果往往使我们在在有颠仆的危险。什么是一个哲学家,只是能利用他的特强的心智视力在超轶一切情感的高峰上辨认人事经验的起伏与交错?什么是一个先觉只是他的灵性视域比常人的宽,他的视力比常人的强,因此他能指示出常人看不到的远山与远海?)

在天空中盘翔着神睛的巨鹫应分是政治家的象征,在他的眼下,农场上稻塍边躲着的田鼠没有遁形的机会——虽则政治家的动机,不比那鸷禽的目的,是仁不是残,是普济不是私利。杜洛斯奇有的是巨鹫神睛;他的视力是敏锐的,准确的,透彻的。他许不是个实际政治家,没有列宁的手腕与度量;但他在苏俄革命史中当得起一个政治思想家的尊称,我看来是无可置疑的。列宁第一个佩服他。自从他二十三岁那年在瑞士(我记得)认识列宁起至列宁临死时止(见最后列宁及列宁夫人致杜氏函牍),他始终受列宁的尊敬与信任。在他的著作里,虽则他的学问不如列宁的渊博,见解不如列宁的稳定,我们可以看出他思想的忠实与无畏性,推理论事的彻透与爽脆,"辨微知几"的卓越——巨鹫的神睛的一扫。他的思想的对象不止是苏俄实际的政况,那是比较浅显的易于调剂的一部分;他的是劳农革命本体的使命与意义:俄国民族经革命而发见的新文化的趋向与指归。怎样转移革命摧残的暴力的工作?怎样引诱创造性的表现?怎样调剂物质的生活与精神的活动?怎样实现新社会制的安宁与调谐?怎样解决人性里相反相冲突的本能?怎样拥护劳农革命的尊严?怎样建设劳农社会纯粹性的文化?这些是他想来解答的问题。

谁都知道苏俄生命的中枢在全部的红军;要没有它,几次白党反革命的势力早就摧尽了苏维埃稚弱的试验。但编制红军的是杜洛斯奇;指挥红军的是杜洛斯奇;风驰电掣似运用红军的是杜洛斯奇。真的杜洛斯奇用兵的神速几乎是奇迹一类的现象! 但是同时他在思想界的活动也是一样的可惊。他是胚胎革命的一个创始人;他是它的保护人,同时他也不放松他的批评与笃饬, 他是一个有想像力有理想的革命者:他的先觉性的视域下早就涌现着整个新来的大地山河。

他在苏俄实际政治上的势力在列宁死后因受三联领袖——Stalin, Zinoviev, Kamenev——的猜忌与打击几于完全失散了, 虽则不是消灭;但他在苏俄思想界——如其苏俄能容思想这东西——的势力我敢信是不易摧残的。他是最有力的演说家,有人称他与法国的微微昂尼是近代的唯一大演说家;他的笔也是一样的不弱——便在译文中亦可以看出。我春间过俄国的时候, 听说他正被软禁——说是养病——在南方一个山里,有人去看他问他病得怎样,他笑着说:"我今天没看报,自己都不知道他们怎样支配我的体温与脉搏! "但新近听说他得了一个差使了。

这样一个人物是值得知道的,他的议论是值得听的。下面我节译苏俄教育部长在他的一本小书叫作《革命的剪影》里杜洛斯奇人品的描写,使我们直接近他的思想以前领略他的生平与概况——

我初会杜洛斯奇是一九〇五年,在正月事变后。他到日内瓦来,我忘了是从那儿,为到一个讨论那惨剧的大会,演说指定有他与我。杜洛斯奇那时是异常的漂亮,在我们一群人里面鹤立的,丰度极美。他那漂亮模样,再加他那不论对谁都是一例高谈阔论的架子,初起使我感觉不快。我心里满不愿意的看着那花花公子,腿甩在膝盖上,飞快的起草他临时演说的大纲。但杜洛斯奇那天讲得真好……

在一九〇五年革命期内我很少见他。他不仅不常和我们(多数党)在一起,他也不接近多数党人。他的工作大都是在工人代表的苏维埃……

我记得有人说,列宁也在场:"克立斯他来夫的星已经没了,现在在苏维埃里占势力的人是杜洛斯奇。"列宁脸上似乎暗了一暗,随后他说:"呒,杜洛斯奇有那地位正为他肯做事而且做得好……"

杜洛斯奇在他被捕以前在彼得堡极受劳动阶级的推重,后来他在法庭上有声色有气概的答辩更使他的身分在群众的心目中增高。我应得说杜(以下简称杜)在一九〇五至一九〇六年社会民主党诸领袖中,虽则最年轻,却是最有准备的;别人许有那亡命人褊窄一类的情形,他的痕迹最浅,这在列宁在那时候尚且不免;大规模争全政权的意义他比谁都得清楚。革命的结果他大大的得人心。列宁与马滔夫都没有多大好处。从此后杜站定在前面的了。

在司塔脱卡脱国际会议席上,杜的态度来得和平,他也劝我们同态度,以为一九〇六年的反动我们都叫闪下了马,因此不易在会议席得势。

过此杜倾向调和,主张革命派的联合。他在维也纳办了一个报叫《泼拉夫达》(Pravda),化了不少力气鼓吹他那调和的意思,其实是没办法的。

我这里得说杜不仅不能好好的组织一个党,就连小团体的结合他都弄不好……他几乎永远是孤立的,因为他不会张罗人,天生的霸性,不会或不愿拉拢敷衍人。这点列宁倒好,他有的是一种引人的趣味。我们要记得入后他的朋友——当然指政治范围内——有好几个反成他不共戴天的仇敌。

在政治团体里做事杜是不适宜的,但在历史事迹的大海里,那是私人的性格都失却了重要, 我们见着的倒是他的顺利的一面了……

我始终以为杜洛斯奇是一个大人物。是的,谁说不是?在巴黎(大战期内)他在我眼内已经长成了一个大政治家,他的才干一天胜似一天——也许因为我与他熟识了的缘故,他整份的身手似乎非得转移历史的大机会才能完全的显出,也许他历经几番革命艰难的经验助长了他的翅膀。

一九一七那年春间革命初期的工作……接近杜洛斯奇的人心里都以为他是真正俄国革命的大领袖。乌立刺奇(Uritsky),他是最尊敬杜氏的,曾经对我说过:"大革命是到门了,可是你看,不论列宁是多能干,他在杜洛斯奇的天才的边旁就显出他有点儿晦色了。"

杜氏外表看得见的主要的天赋是他的演说才与他的文才。我看来杜氏是近代最伟大的演说家,我生平听过国会式以及社会主义的大演说家不在少数,但我觉得不易举出一个可与杜氏相仿佛的,除非是法国的卓莱斯(Jaures)。

镇压得住的人格,优美从容的姿态,强有力的节奏,响亮不倦的嗓音,字句的紧凑与雅馴,喻象的丰富,灼人的讥讽,流动的情调,尤其是一种绝对非常的逻辑,纯钢似的清劲——这些是杜氏演才的特长。他可以连着用警句演说,放几枝可惊的中的的箭,他那讨论政治的高谈真可算是前无古人的。我听过他一口气讲三个钟头,满堂人全是鸦雀无声的站着,像是叫法术迷住了似的。

但杜氏组织党的能力,我前面说的,是有限的;他缺乏手段。

他的人格刻画得太清晰，轮廓太强峭。

杜氏是易怒的，专断的。只有他对列宁在他们合作以后，他永远是一种顺服与爱敬的态度。英雄惜英雄，杜氏对列宁的谦卑才真是他的本色处。

他的政治思想与他的演说天才一般的卓越。这是当然的事情。最警策的演说家要是他的议论没有真纯的思想打底，那就没有价值，他的辞令也就比是铜锡的丁东。正如圣保罗说过，演说家的心胸里许充满着，不是爱，但思想是绝对必要的……

我看来杜氏的思想竟比列宁的着实来得正宗，虽则这话许多人听了一定觉得奇怪。杜氏政治的生涯粗看似乎不径直的！他不是孟希微几也不是鲍希微几，他初去走的是中道，直到后来才把他的全流倾入鲍希微几的大河。虽则如此，杜氏却始终严格的遵从革命马克斯主义的方针。列宁自以为在政治思想里是一个创作者，所以他常常创设新的主张与口号，也有不少见实效的。杜氏的特色是他思想勇猛；他诋抨各种不澈底的社会主义是不遗余力的。

有人说杜氏是一个野心家。这话当然是胡说。我记得邱诺夫(Chernov) 做了政府官的时候杜氏说的话："多可鄙的野心——抛弃了历史上的地位去换一个纸提包！"这话里看出整个的杜洛斯奇。他没有一滴的虚荣……

列宁也是绝对没有野心的，我信列宁从不曾对着他自己看过一眼，从不在历史的镜子自己照影过，从不关心后世怎样想他——他就做他的工作。他专制的做他的工，不是因为他贪权，他因为把得稳他自己是对的，因此他不能容忍谁去破坏他的工程。他的爱权是从他的主义的准确与纯正里出来的，你也可以说他是不能从反对他的观点着想的,这对一个政党的领袖是极有用的。

杜氏就不同,他时常对着他自己看。他珍重他的历史的事业,为了他的使命他什么牺牲甚至他的性命都是甘心的,他要的就是在人类的记忆里留下一个真正革命领袖的荣光。他的爱权大致也与列宁同性质的,他不如列宁的地方就在他常有用权过分的情形,再兼他的性情是暴躁的,所以不免有被热情蒙蔽的时候,不比列宁永远是主意拿得稳稳的,生气都不会得的。

你们可不要以为俄国革命第二个大领袖是各方面都不如他的同事的;实际上有好多地方他比列宁强得多;他更来得精明,清楚,活动。列宁天生是坐定在他苏维埃老总的交椅里,凭着他的天才指挥世界革命,同时却是狠分明的他不能执行杜洛斯奇肩负的天神似的工作,他那闪电似的用兵,他那伟大的演说,咄嗟的重大的指挥,要不是他赤军如何能凭有限的力量几次击散强项的反动。地面上再没有第二个人可以替代杜洛斯奇这部分的工程。

每回一个真纯的大革命临到的时候,一个大民族总能为它各部分的事业寻得相当的人物,我们革命的伟大的一个消息是我们共产党是从革命的中心长出来的,或者可以说它是采取别党的精华造成本身的力量,结果各部分政府的机关都有出众的能人负责。

最胜任愉快的是能人中最强的两个——列宁与杜洛斯奇。

A. V. Lunacharsky

《革命的剪影》,莫斯科,一九二三

载北京《晨报副刊》1925 年 12 月 19、21 日

徐志摩解读名人

达文謇的剪影[①]

基乌凡尼鲍尔脱拉飞屋的日记　一四九四～一四九五

(这是一本小说里的一章。那小说是一个俄国人 (Merejkowski)做的,叫作《达文謇的故事》(The Romance of Leonardo da Vinci)。鲍尔脱拉飞屋是达文謇的一个学徒,这一章是他学徒期内的日记。用不着说,达文謇是意大利复兴时期内顶大的一朵牡丹,它那香气到今天还不曾散尽。这日记当然不是真本,但达文謇伟大奥妙的天才至少在这几页内留下一个灵活的剪影。他的艺术谈是这几百年来艺术学生们枕中的秘宝,我们应得知道一些的。)

一四九四年,三月二十五日,那天我进了翡冷翠大画家雷那图达文謇先生的画室当一个学徒。

这是他教给我们的课程:透视学(Perspective);人体的分与量;临大画家的作品;写生画。

---

① 达文謇:Leonardo da Vinci,今译作达·芬奇。

今天马各杜奇乌拿，我的一个同事，给了我一本书，写下的完全是老师说的话。书开头是这一节：

"人的身体从太阳的光亮得到最纯粹的快乐；人的心灵，从数学清澈的照亮。因此透视学(这透视学包涵两件事情，一是灵动的线条的考量，那是眼看的舒服；一是数理的清明，那是心智的舒服。)在各种研究与学科中应分占着最高的地位。但愿说过'我是真的光亮'的他给我帮助，使我有法子理会这透视学，他的光亮的科学。这书我分成三部：第一，因距离故，事物形体的缩小；第二，色彩的明显度的减损；第三，轮廓清晰的减淡。"

老师像父亲似的看管着我。自从知道我穷，他再不肯收我原约定的月费。

老师说：

"等你们透视学有了把握，人体的分量心里有数以后，你们上街去就得用心留意人们的姿态与行动，看他们怎样站定，走动，谈天，吵闹；看他们怎样发笑，怎样打架；看他们有这些动作时面上的神情，看来劝散他们的旁人面上的神情；看站在一边冷眼看着的人们的神情。把你看到的全用铅笔记在你的颜色纸订成的袖珍册子里，这书随你到那儿都得带着。册子满了，再换一本；第一本摆开了，留着。保存原稿，不要损坏或是擦糊了它们：因为人体的动法是最变幻不尽的，单凭记忆是留不住的。你得把这些粗糙的底稿看作你们最好的先生。"

我也有了这样一册书。

徐志摩解读名人

今天在 P 街上，离大教堂不远，我见着我的伯父。他对我说他不认我了；他骂我到一个异教徒邪人的家里去毁灭我的灵魂。

每回我心里不高兴，只要对着他的脸看看就会轻松快活的。多奇怪他的一双眼：清，蓝，澹，冷——冰似的冷。声音，最可亲，软和极了。最凶暴、最顽固的人也抵抗不过他的温驯善诱。他坐在他的工作台上，心里盘算着什么，手捻着捋着他的金色的髭须，又长又软的像是女孩子身上的丝绸。他跟谁说话的时候，他就微微眯着一双眼，有一种高兴和蔼的神情；他的目光，从浓厚荫盖的眉毛下照出来，直透你的灵魂。

他不喜欢鲜艳的颜色，不喜欢时新累赘的式样；他也不爱薰香。他的衣料是雷尼希的棉布，异样的整洁好看。他的黑绒便帽是素净的，不装羽毛，不加装饰。他的衣色是黑的；但他穿一件长过膝盖的深红色斗篷，直裥往下垂的，翡冷翠古式。他的行动是闲暇沉静的，但也引人注意。他跟谁都不一样。

弓弩都是他的擅长，会骑，会水，精通小剑斗术。今天我见他拿一个小钱丢中一个教堂最高的圆顶。雷那图先生，凭他手臂的玲巧与力量，谁都比不过他。

他是用左手的；但别看这左手，又瘦弱又软和像是女人的，他扳得弯铁条，扭得瘪大铜钟里的垂舌。

我正看着他，甲可布那孩子笑着跑来，拍着手。"蹩腿的来了，雷那图先生，怪物来了！你快到厨房里来。我给你找了这类宝贝来，你该乐得直舔你的手哪！"

"他们那儿来的？"

"一个庙门口找来的。贝加摩地方来的叫化！我答应了他们要是他们愿意给你画你有晚饭给他们吃。"

丢开了不曾画全的圣贞，雷那图就跑厨房去，我跟着。果然有两兄弟，年纪顶老，生水肿病的，脖子上挂着怪粗的大瘤。同来还有一个女的，是那一个的妻子，一个干瘪的小老皮囊，她的名字叫拉格尼娜(意思是小蜘蛛)，倒正合式。

"你看，"甲可布得意的叫着，"我说你看了准乐！可不是就我知道你喜欢什么？"

雷那图靠近着这精怪似的凳子坐下，吩咐要酒，亲手倒给他们喝，和气的问话，讲笑话给他们听让他们乐。初起他们看着不自在，心里怀着鬼胎，摸不清叫他们进来是什么意思。但是等到他们听他讲故事，讲一个死犹太，他的同伴们为要躲避波龙尼亚境内不准犹太人埋葬的法令，私下把他的尸体割成小块，上了盐，加了香料，运到威尼市去，叫一个翡冷翠去的耶教徒给吃了的一番话，那小蜘蛛笑得差一点涨破了肚子。一会儿三个人全喝得薰薰了，笑着说着，做出种种奇丑的鬼脸。我看得恶心扭过了头去；但雷那图看着他们兴趣浓极了；等他们的丑态到了穷极的时候，他掏出他的本子来临着描，正如他方才画圣贞的笑容，同样那欣欣然认真的神气。

到晚上他给我看一大集的滑稽画；各类的丑态，不仅是人的，畜生的也有——怕人的怪样子，像是病人热昏中见着的，人兽不分的，看了叫人打寒噤。一个箭猪的莲蓬嘴，硬毛攒耸耸的，下嘴唇往下，宕着，又松又薄像是一块破布，露着两根杏仁形的长白牙，像人的狞笑；一个老妇人，鼻子扁塌的长着毛，肉痣般大小，口唇异样的厚，像是烂了的树干里长出来的那些肥胖发黏性的毒菌。

塞沙里 (达文睿另一个学徒) 对我说有时老师在路上见着什么丑怪，会整天的跟着看。伟大的奇丑，他说，与伟大的美是一样的希有；只有平庸是可以忽略的。

马各做事像牛一样的蠢，先生怎么说他非得怎么做不行；他愈用功愈不成功。他有的是非常的恒心。他以为只要耐心与劳力没有事做不成的；他一点也不疑惑他有画成名的一天。

在我们几个学徒里面，他最高兴老师的种种发明。有一天他带了他的小册子到一条十字街口去看热闹，按着老师的办法，把人堆里使他特别注意的脸子全给缩写记了下来。但到家的时候他再也不能把他的缩写翻成活人的脸相。他又想学雷那图用调羹量颜色，也是一样的失败。他画出来的影子又厚又不自然，人脸子都是呆木无意趣的。马各自以为他的失败是由于没有完全遵照老师的规则。塞沙里嘲笑他。

"这位独一的马各，"他说，"是殉科学的一个烈士。他给我们的教训是所有这些度量法与规则是完全没有用的。光知道孩子是怎样生法并不一定帮助你实际生孩子。雷那图欺他自己，也欺别人；他教的是一件事，他做的另是一件事。他动手画的时候他什么规则也不管，除了他自己的灵感；可是他还不愿意光做一个大美术家，他同时要做一个科学家。我怕他同时赶两个兔子结果竟许一个都赶不到。"

塞沙里这番嘲笑话不一定完全没有道理；但对师父的爱是没有的。雷那图也听他的话，夸奖他的聪明，从来不给他颜色看。

我看着他画他的 Cenacolo(即《最后一次晚餐》，在米兰)有时一早

128

太阳没有出,他就去修道院的饭堂工作,直画到黄昏的黑影子强迫他停止;他手里的画笔从不放下,吃喝他都记不得。有时他让几个星期过去,颜色都不碰。有时他站在绳架上,画壁前,一连好几个时辰,单是看着批评着他已经画得的。还有时候我见他在大暑天冲着街道上的恶热直跑到那庙里去;像是一个无形的力量逼着他;他到了就爬上架子去,涂上两笔或是三笔,跳下来转身就跑。

他正在工作使徒约翰的脸。今天他该得完功的。可是不,他耽在家里伴着甲可布那孩子,看苍蝇黄蜂虫子飞。他研究虫子的结构那认真的神气正比如人类的运命全在这上面放着。看出了虫子的后腿是一种橹的作用,他那快活就比如他发见了长生的秘密,这一点他看得极有用,他正造他那飞行机哪。可怜使徒约翰! 今天又来了一个新岔子,苍蝇又不要了。老师正做着一个图案,又美又精致的,这是预备一个学院的门徽,其实这机关还在米兰公的脑子里且不成形哩。这图案是一个方块,上画着皇冠形的一球绳子,相互的纠着,没有头没有尾的。我再也忍不住,我就提醒他没画完的使徒。他耸耸他的肩膀,眼对着他的绳冠图案头也不抬的在牙缝中间说话:"耐着! 有的是时候! 约翰的脑袋跑不了的! "

我这才开始懂得塞沙里的悻悻!

米兰公吩咐他在宫里造听筒,隐在壁内看不见的,仿制"达尼索斯的耳朵"。雷那图初起狠有劲,但现在冷了,推头这样那样的把事情搁了起来。米兰公催着他,等不耐烦了;今早上几次来召进宫去,但是老师正忙着他的植物试验。他把南瓜的根割了去,只存一根小芽,勤勤的拿水浇着。这本子居然没有枯，他得意极了。"这母亲，"他说，"养孩子养得不错。"六十个长方形的南瓜结成功了。

塞沙里说雷那图是一个最不了的落拓家。他写下了有二十本关于自然科学的书，但没有一本完全的，全是散叶子上的零碎札记；这五千多页的稿子他乱放着一点没有秩序，他要寻什么总是寻不着的。

走近我的小屋子来，他说："基乌凡尼，你注意过没有，这小屋子叫你的思想往深处走，大屋子叫它往宽处去？还有你注意过不曾在雨的阴影下看东西的形像比在阳光下看更清楚？"在使徒约翰的脸上做了两天工。但是，不成！这几天忙着玩苍蝇，南瓜，猫，达尼素斯的耳朵一类的结果，那一点灵感竟像跑了似的。他还是没有画成那脸子，这来他一腻烦，把颜色匣子一丢，又躲着玩他的几何去了。他说彩油的味儿叫他发呕，见着那画具就烦。这样一天天的过去；我们就像是一只船在海口里等着风信，靠傍的就只机会的无常，与上帝的意旨。还亏得他倒忘了他那飞机，否则我们准饿死。

什么东西在旁人看来已经是尽善尽美的，在他看来通体都是错。他要的是最高无上的，不可得的，人的力量永远够不到的。因此他的作品都没有做完全的。

安德利亚沙拉拿病倒了。老师调养着他，整夜伴着他，靠在他的枕边看护他；但是谁都不敢对他提吃药。马各不识趣的给买了一盒子药，可是叫雷那图找着了，拿起手就往窗子外掷了出去。安德利亚自己想放血，讲起他认识有一个很好的医家；但老师很正当的发了气，用顶损

130

的话骂所有的医生。

　　"你该得当心的是保存，不是医治，你的健康；提防医生们。"他又加了一句话，"什么人都积钱来给医生们用——毁人命的医生们。"

十五年一月

载北京《晨报副刊》1926 年 1 月 27、28 日

徐志摩解读名人

谒见哈代的一个下午

一

"**如**其你早几年,也许就是现在,到道骞司德的乡下,你或许碰得到《裘德》的作者,一个和善可亲的老者,穿着短裤便服,精神飒爽的,短短的脸面,短短的下颏,在街道上闲暇的走着,招呼着,答话着,你如其过去问他卫撒克士小说里的名胜,他就欣欣的从详指点讲解;回头他一扬手,已经跳上了他的自行车,按着车铃,向人丛里去了。我们读过他著作的,更可以想像这位貌不惊人的圣人,在卫撒克士广大的,起伏的草原上,在月光下,或在晨曦里,深思地徘徊着。天上的云点,草里的虫吟,远处隐约的人声都在他灵敏的神经里印下不磨的痕迹;或在残败的古堡里拂拭乱石上的苔青与网结;或在古罗马的旧道上,冥想数千年前铜盔铁甲的骑兵曾经在这日光下驻踪;或在黄昏的苍茫里,独倚在枯老的大树下,听前面乡村里的青年男女,在笛声琴韵里,歌舞他们节会的欢欣;或在济茨或雪莱或史文庞的遗迹,悄悄的追怀他们艺术的神奇……在他的眼里,像在高蒂闲(Theophile Gautier)的眼里,这看得见的世界是活著的;在他的'心眼'(The Inward Eye)里,像在他最服膺的华茨华士的心眼里,人类的情感与自然的景象是相联合的;在他的想像里,像在所有大艺术家的想像里,不仅伟大的史迹,就是眼

132

前最琐小最暂忽的事实与印象,都有深奥的意义,平常人所忽略或竟不能窥测的。从他那六十年不断的心灵生活——观察,考量,揣度,印证——从他那六十年不懈不弛的真纯经验里,哈代,像春蚕吐丝制茧似的,抽绎他最微妙最桀傲的音调,纺织他最缜密最经久的诗歌——这是他献给我们可珍的礼物。"

二

上文是我三年前慕而未见时半自想像半自他人传述写来的哈代。去年七月在英国时,承狄更生先生的介绍,我居然见到了这位老英雄,虽则会面不及一小时,在余小子已算是莫大的荣幸,不能不记下一些踪迹。我不讳我的"英雄崇拜"。山,我们爱踹高的;人,我们为什么不愿意接近大的?但接近大人物正如爬高山,往往是一件费劲的事;你不仅得有热心,你还得有耐心。半道上力乏是意中事,草间的刺也许拉破你的皮肤,但是你想一想登临顶峰时的愉快!真怪,山是有高的,人是有不凡的!我见曼殊斐儿,比方说,只不过二十分钟模样的谈话,但我怎么能形容我那时在美的神奇的启示中的全生的震荡?——

我与你虽仅一度相见——

但那二十分不死的时间!

果然,要不是那一次巧合的相见,我这一辈子就永远见不着她——会面后不到六个月她就死了。自此我益发坚持我英雄崇拜的势利,在我有力量能爬的时候,总不教放过一个"登高"的机会。我去年到欧洲完全是一次"感情作用的旅行";我去是为泰谷尔,顺便我想去多瞻仰几个英雄。我想见法国的罗曼罗兰,意大利的丹农雪乌,英国的哈

133

代。但我只见着了哈代。

在伦敦时对狄更生先生说起我的愿望，他说那容易，我给你字信介绍，老头精神真好，你小心他带了你到道骞斯德林子里去走路，他仿佛是没有力乏的时候似的！那天我从伦敦下去到道骞斯德，天气好极了，下午三点过到的。下了站我不坐车，问了 Max Gate 的方向，我就欣欣的走去。他家的外园门正对一片青碧的平壤，绿到天边，绿到门前；左侧远处有一带绵邈的平林。进园径转过去就是哈代自建的住宅，小方方的壁上满爬着藤萝。有一个工人在园的一边剪草，我问他哈代先生在家不，他点一点头，用手指门。我拉了门铃，屋子里突然发一阵狗叫声，在这宁静中听得怪尖锐的，接着一个白纱抹头的年轻下女开门出来。

"哈代先生在家，"她答我的问，"但是你知道哈代先生是'永远'不见客的。"

我想糟了。"慢着，"我说，"这里有一封信，请你给递了进去。""那末请候一候。"她拿了信进去，又关上了门。

她再出来的时候脸上堆着最俊俏的笑容。"哈代先生愿意见你，先生，请进来。"多俊俏的口音！"你不怕狗吗，先生？"她又笑了。"我怕。"我说。"不要紧，我们的梅雪就叫，她可不咬，这儿生客来得少。"

我就怕狗的袭来！战兢兢的进了门，进了客厅，下女关门出去，狗还不曾出现，我才放心。壁上挂着沙琴德(John Sargent)的哈代画像，一边是一张雪莱的像，书架上记得有雪莱的大本集子，此外陈设是朴素的，屋子也低，暗沉沉的。

我正想着老头怎么会这样喜欢雪莱，两人的脾胃相差够多远，外面楼梯上一阵急促的脚步声和狗铃声下来，哈代推门进来了。我不知他身材实际多高，但我那时站着平望过去，最初几乎没有见他，我的印像是他是一个矮极了的小老头儿。我正要表示我一腔崇拜的热心，他一把拉了我坐下，口里连着说"坐坐"，也不容我说话，仿佛我的"开篇"辞他早就有数，连着问我，他那急促的一顿顿的语调与干涩的苍老的口音，"你是伦敦来的？""狄更生是你的朋友？""他好？""你译我的诗？""你怎么翻的？""你们中国诗用韵不用？"前面那几句问话是用不着答的(狄更生信上说起我翻他的诗)，所以他也不等我答话，直到末一句他才住了。他坐着也是奇矮，也不知怎的，我自己只显得高，私下不由的踟蹰，似乎在这天神面前我们凡人就在身材上也不应分占先似的!(阿，你没见过萧伯讷——这比下来你是个蚂蚁!)这时候他斜着坐，一只手搁在台上头微微低着，眼往下看，头顶全秃了，两边脑角上还各有一鬊也不全花的头发；他的脸盘粗看像是一个尖角往下的等边形三角，两颧像是特别宽，从宽浓的眉尖直扫下来束住在一个短促的下巴尖；他的眼不大，但是深窈的，往下看的时候多，只易看出颜色与表情。最特别的，最"哈代的"，是他那口连着两旁松松往下堕的夹腮皮。如其他的眉眼只是忧郁的深沉，他的口脑的表情分明是厌倦与消极。不，他的脸是怪，我从不曾见过这样耐人寻味的脸。他那上半部，秃的宽广的前额，着发的头角，你看了觉着好玩，正如一个孩子的头，使你感觉一种天真的趣味，但愈往下愈不好看，愈使你觉着难受，他那皱纹龟驳的脸皮正使你想起一块苍老的岩石，雷电的猛烈，风霜的侵陵，雨雷的剥蚀，苔藓的沾染，虫鸟的斑斓，什么时间与空间的变幻都在这上面遗留着痕迹! 你知道他是不抵抗的，忍受的，但看他那下颊，谁说这不泄露他的怨毒，他的厌倦，他的报复性的沈默! 他不露一点笑容，你不易相信他与我们一样也有喜笑的本能。正如他的脊背是倾向伛偻，他面上

135

的表情也只是一种不胜厌迫的伛偻。喔哈代!

回讲我们的谈话。他问我们中国诗用韵不。我说我们从前只有韵的散文,没有无韵的诗,但最近……但他不要听最近,他赞成用韵,这道理是不错的。你投块石子到湖心里去,一圈圈的水纹漾了开去。韵是波纹。少不得。抒情诗 Lyric 是文学的精华的精华。颠不破的钻石,不论多小。磨不灭的光彩。我不重视我的小说。什么都没有做好的小诗难。(他背了莎氏"Tell me where is Fancy bred"朋琼生[Ben Jonson]的"Drink to me only with thine eyes"高兴的样子。)我说我爱他的诗因为它们不仅结构严密像建筑,同时有思想的血脉在流走,像有机的整体。我说了 Organic 这个字;他重复说了两遍:"Yes,organic,yes,organic :A poem ought to be a living thing."练习文字顶好学写诗;很多人从学诗写好散文,诗是文字的秘密。

他沈思了一晌。"三十年前有朋友约我到中国去。他是一个教士,我的朋友,叫莫尔德,他在中国住了五十年,他回英国来时每回说话先想起中文再翻英文的! 他中国什么都知道,他请我去,太不便了,我没有去。但是你们的文字是怎么一回事? 难极了不是? 为什么你们不丢了它,改用英文或法文,不方便吗"哈代这话骇住了我。一个最认识各种语言的天才的诗人要我们丢掉几千年的文字! 我与他辩难了一晌,幸亏他也没有坚持。

说起我们共同的朋友。他又问起狄更生的近况,说他真是中国的朋友。我说我明天到康华尔去看罗素。谁? 罗素? 他没有加案语。我问起勃伦腾(Edmund Blunden),他说他从日本有信来,他是一个诗人。讲起麦雷(John M. Murry)他起劲了。"你认识麦雷? "他问。"他就住在这儿道骞斯德海边,他买了一所古怪的小屋子,正靠着海,怪极了的小屋子,什么时候那可以叫海给吞了去似的。他自己每天坐一部破车到镇上来买菜。他是有〈很〉能干的。他会写。你也见过他从前的太太曼殊斐儿?他又娶了,你知道不?我说给你听麦雷的故事。曼殊斐儿死了,他悲伤得狠,无聊极了,他办了他的报(我怕他的报维持不了),还是悲伤。好了,有一天有一个女的投稿几首诗,麦雷觉得有意思,写信叫她去看他,她去看他,一个年轻的女子,两人说投机了,就结了婚,现在大概他不悲伤了。"

他问我那晚到那里去。我说到 Exeter 看教堂去,他说好的,他就讲建筑,他的本行。我问你小说里常有建筑师,有没有你自己的影子?他说没有。这时候梅雪出去了又回来,咻咻的爬在我的身上乱抓。哈代见我有些窘,就站起来呼开梅雪,同时说我们到园里去走走吧,我知道这是送客的意思。我们一起走出门绕到屋子的左侧去看花,梅雪摇着尾巴咻咻的跟着。我说哈代先生,我远道来你可否给我一点小纪念品。他回头见我手里有照相机,他赶紧他的步子急急的说,我不爱照相,有一次美国人来给了我狠多的麻烦,我从此不叫来客照相——我也不给我的笔迹(Autograph),你知道?他脚步更快了,微偻着背,腿微向外弯一摆一摆的走着,仿佛怕来客要强抢他什么东西似的!"到这儿来,这儿有花,我来采两朵花给你做纪念,好不好?"他俯身下去到花坛里去采了一朵红的一朵白的递给我:"你暂时插在衣襟上吧,你现在赶六点钟车刚好,恕我不陪你了,再会,再会——来,来,梅雪,梅雪……"老头扬了扬手,径自进门去了。

啬刻的老头,茶也不请客人喝一杯!但谁还不满足,得着了这样难得的机会? 往古的达文睿,莎士比亚,葛德,拜伦,是不回来了的;——哈代! 多远多高的一个名字! 方才那头秃秃的背弯弯的腿屈屈的,是哈

137

代吗？太奇怪了！那晚有月亮，离开哈代家五个钟头以后，我站在哀克刹脱教堂的门前玩弄自身的影子，心里充满着神奇。

载上海《新月》杂志第 1 卷第 1 号(1928 年 3 月)

徐志摩寻人

秋郎先生：

请你替我在《青光》上发一个寻人的广告，人字须倒写。

我前天收到一封信，信面开我的地址一点也不错，但信里问我们的屋子究竟是在天堂上还是在地狱里，因为他们怎么也找不到我们的住处。署名人就是上次在《青光》上露过面的金岳霖与丽琳；他们的办法真妙，既然写信给我，就该把他们住的地方通知，那我不就会去找他们，可是不，他们对于他们自己的行踪严守秘密，同时却约我们昨晚上到一个姓张的朋友家里去。我们昨晚去了，那家的门号是四十九号A。我们找到一家四十九号没有A！这里面当然没有他们的朋友，不姓张，我们又转身跑，还是不知下落。昨天我在所有可能的朋友旅馆都去问了，还是白费。

我们现在倒有些着急，故而急急要你登广告，因为你想这一对天字第一号打拉苏阿木林，可以蠢到连一个地址都找不到，说不定在这三两天内碰着了什么意外，比如过马路时叫车给碰失了腿，夜晚间叫强盗给破了肚子，或是叫骗子给拐了去贩卖活口！谁知道！

话说回来，秋郎，看来哲学是学不得的。因为你想，老金虽则天生就不机灵,虽则他的耳朵长得异样的难看甚至于招过某太太极不堪的批评,虽则他的眼睛有时候睁得不必要的大,虽则——他总还不是个白痴。何至于忽然间冥顽到这不可想象的糟糕?一定是哲学害了他,柏拉图、葛林、罗素,都有份! 要是他果然因为学了哲学而从不灵变到极笨,果然因为笨极了而找不到一个写得明明白白的地址,果然因为找不到而致流落,果然因为流落而至于发生意外,自杀或被杀——那不是坑人,咱们这追悼会也无从开起不是?

我想起了他们前年初到北京时的妙相。他们从京浦路进京,因为那时车子有时脱班至一二天之久,我实在是无法接客,结果他们一对打拉苏,一下车来举目无亲! 那时天还冷,他们的打扮是十分不古典的:老金他簇着一头乱发,板着一张五天不洗的丑脸,穿着比俄国叫化子更褴褛的洋装,趿着一双脚;丽琳小姐更好了,头发比他的蠢得还高,脸子比他的更黑,穿着一件大得不可开交的古货杏黄花缎的老羊皮袍,那是老金的祖老太爷的,拖着一双破烂得像烂香蕉的皮鞋。他们倒会打算,因为行李多不雇洋车,要了大车,把所有的皮箱木箱皮包篮子球板打字机一个十斤半沉的大梨子破书等等一大堆全给窝了上去,前头一只毛头打结吃不饱的破骡子一蹩一蹩的拉着,旁边走着一个反穿羊皮统面目黧黑的车夫。他们俩,一个穿怪洋装的中国男人和一个穿怪中国衣的外国女人,也是一蹩一蹩的在大车背后跟着! 虽则那时还在清早,但他们的那怪相至少不能逃过北京城里官僚治下的势利狗子们的愤怒的注意。黄的白的黑的乃至于杂色一群狗哄起来结成一大队跟在他们背后直噑,意思说是叫化子我们也见过,却没见过你们那不中不西的破样子，我们为维持人道尊严与街道治安起见，不得不提高了嗓子对你们表示我们极端的鄙视与厌恶！在这群狗的背后又跟着一大群的野孩子，哲学家尽走，狗尽叫，孩子们尽拍手乐！

载上海《时事新报·青光》1927 年 7 月 27 日

徐志摩解读名人

海粟的画

海粟是一个有玄学思想的画家。从道德经经过邵康节到"天游主义",或是从"天游主义"到邵康节再到道德经——这是海翁在他的玄学海里旅程的一个概况。本来作"文人画"的作家是脱离不了玄学思想的,不论是道佛或是别的什么;海翁无非是格外明显的一个例。这部分思想的渊源发见在他的作品里是一种特殊的气象,这究竟是什么,颇不易用一二个状词来概括,至少我觉得难,但无论如何我们不能否认他确能在他的画里表现一种他所独有的品性或风格。一个画家的思想的倾向往往在他的作品的题材里流露消息。有的人许不愿意把思想一类字眼和画家放在一起,仿佛一个画家就不该有或不必有什么思想似的,我理会得这个道理,但是我现在不能申辩,我只能求你们把思想这字眼放宽一点看,只当它是可与性情乃至态度一类字眼几乎可相通用的。海粟每回提起笔来作画的时候(我这里是说他的国画)在他想像中最浮现的是什么一类境界,在他内心里要求表现的是什么?(容我斗胆来一个心理的揣详。)最现成的是大山岭,海,波澜,瀑布,老松,枯木,寒林;要是鸟,那就是白凤,再不然就是大鹏,"其翼若垂天之云,背负青天而莫之夭阏者";要是花(他绝少画花),那就是曼陀罗花,或是别的什么产自神仙出处的奇葩。我们这里要问的是他要表现的是什么,是这些山水花鸟的本体,还是他借用这些形体来表现他潜伏在内心里的概念?我的拙见是他要写的是"意",不是体。他写山海是为它们的大,波澜为它们的壮阔,泉为它们的神秘,枯木为它们的苍劲。尤其是"大"的一个概念在海粟是无处不活跃的;从新心理学说来,这几字是一种Complex 是。因此在他成功的时候他的形象轮廓不止是形象轮廓;同时在他失败的时候他的形象轮廓不止是形象轮廓。他的画,至少他的国画,确乎是东方一部分玄学思想的绘事的表现。

我们再从他爱好的作家里探得消息。意识的或非意识的,海粟自己赏鉴的标准也只是一个:伟大。不嫌粗,不嫌野,他只求大。"大"是他崇拜的英雄们的一个共性。在西方他觅得了密恰朗其罗,罗丹,塞尚,梵高;在东方他倾倒八大,石涛。这不是偶然的好恶,这是个人性情自然的向往。因缘是前定的;有他的性情才有他的发见,因他的发见更确定了他的性情。

所以从他的崇仰及他自己的作品里我们看出海粟一生精神的趋向。他是一个有体魄有力量的人,他并且有时也能把他天赋的体魄和力量着实的按捺到他的作品里。我们不能否认他的胸襟的宽扩,他的意境的开展,他的笔致的遒劲。你尽可以不喜欢他的作品,你尽可以从各方面批评他的作品,但在现代作家中你不能忽略他的独占的地位。他是在那里,不论是粗是细。他不仅是在那里,他并且强迫你的注意。尤其在这人材荒歉的年生,我们不能不在这样一位天赋独厚的作者身上安放我们绝望中的希望。吴仓老已经作古,我们生在这时代的不由的更觉得孤寂了,海粟更应得如何自勉! 自信力是一切事业的一个根脚;海粟有的是自信力。但同时海粟还得用谦卑的精神来体会艺术的真际,山外有山,海外有海,身上本来长有翅膀的何苦屈伏在卑琐的地面上消磨有限的光阴?海粟是已经决定出国去几年,我们可以预期像他这样有准备的去探宝山,决不会得空手归来,我们在这里等候着消息! 这次的展览是他去国前的一个结束,关心艺术的不可错过这认识海粟的一个唯一机会。

载《上海画报》第 303 期(1927 年 12 月)

144

我也"惑"

——与徐悲鸿先生书

The opinions that are held with passion are

always these for which no good ground exists;

indeed the passion is the measure of the holder

lack of rational conviction—From Bertrand

Russel's 'Skeptical Essays.'

悲鸿兄：

你是一个——现世上不多见的——热情的古道人。就你不轻阿附，不论在人事上或在绘事上的气节与风格言，你不是一个今人。在你的言行的后背，你坚强的抱守着你独有的美与德的准绳——这，不论如何，在现代是值得赞美的。批评或评衡的唯一的涵义是标准。论人事人们心目中有是与非，直与枉，乃至善与恶的分别的观念。艺术是独立的；如果关于艺术的批评可以容纳一个道德性的观念，那就只许有——我想你一定可以同意——一个真与伪的辨认。没有一个作伪的人，或是一个侥幸的投机的人，不论他手段如何巧妙，可以希冀在文艺史上占有永久的地位。他可以，凭他的欺朦的天才，或技巧的小慧，耸动一时的视听，弋取浮动的声名，但一经真实的光焰的烛照，他就不得不裎露他的原形。关于这一点，悲鸿，你有的，是"嫉伪如仇"严正的敌忾之心，正如种田人的除莠为的是护苗，你的嫉伪，我信，为的亦无非是爱"真"。即在平常谈吐中，悲鸿，你往往不自制止你的热情的激发，同时你的"古道"，你的谨严的道德的性情，有如一尊佛，危然跌坐在你热情的莲座上，指示着一个不可错误的态度。你爱，你就热热的爱；你恨，你也热热的恨。崇拜时你纳头，愤慨时你破口。眼望着天，脚踏着地，悲鸿，你永远不是一个走路走一半的人。说到这里，我可以想见碧薇嫂或者要微笑的插科："真对，他是一个书呆！"

但在艺术品评上，真与伪的界限，虽则是最关重要，却不是单凭经验也不是纯恃直觉所能完全剖析的。我这里说的真伪当然是指一个作家在他的作品里所表现的意趣与志向，不是指鉴古家的辨别作品的真假，那另是一回事。一个中材的学生从他的学校里的先生们学得一些绘事的手法，谨愿的步武着前辈的法式，在趣味上无所发明犹之在技术上不敢独异，他的真诚是无可置疑的，但他不能使我们对他的真诚发生兴趣。换一边说，当罗斯金指斥魏斯德勒 Whistler 是一个"故意的骗子"，骂他是一个"俗物，无耻，纨袴"，或是当托尔斯泰在他的艺术论里否认莎士比亚与贝德花芬是第一流的作家，我们顿时感觉到一种空气的紧张——在前一例是艺术界发生了重大的趣事，在后一例是一个新艺术观的诞生的警告。魏斯德勒是不是存心欺骗，"拿一盘画油泼上公众的脸，讨价二百个金几尼"？罗斯金，曾经为透纳(Turner)作过最庄严的辩护的唯一艺术批评家，说是！贝德花芬晚年的作品是否"无意义的狂呓"(Meaningless ravings)？伟大的托尔斯泰说是！古希腊的悲剧家，拉飞尔，密仡朗其罗，洛坛，毕于维史，槐格纳，魏尔仑，易卜生，梅德林克等等是否都是"粗暴，野蛮，无意义"的作家，他们这一群是否都是

"无耻的剿袭者"？伟大的托尔斯泰又肯定说是！美术学校或是画院是否摧残真正艺术的机关？伟大的托尔斯泰又断言说是！

难怪罗斯金与魏斯德勒的官司曾经轰动全伦敦的注意。难怪我们的罗曼罗兰看了《艺术论》觉得地土不再承载着他的脚底。但这两件事当然是不能相提并论的。罗斯金当初分明不免有意气的牵连,(正如朋琼司的嫉忌与势利,)再加之老年的昏瞀与固执,他的对魏斯德勒的攻击在艺术史上只是一个笑柄,完全是无意义的。这五十年来人们只知道更进的欣赏魏斯德勒的"滥泼的颜色",同时也许记得罗斯金可怜的老悖,但谁还去翻念 Fors Clavigera？托尔斯泰的见解却是另一回事。他的声音是文艺界天空的雷震,激起万壑的回响,波及遥远的天边;我们虽则不敢说他的艺术论完全改变了近代艺术的面目,但谁敢疑问他的博大的破坏的同时也具建设的力量？

但要讨论托尔斯泰的艺术观当然不是一封随手的信札,如我现在写的,所能做到,这我希望以后更有别的机会。我方才提及罗斯金与托尔斯泰两桩旧话,意思无非是要说到在艺术上品评作家态度真伪的不易——简直是难;大名家也有他疏忽或是夹杂意气的时候,那时他的话就比例的失去它们可听的价值。我所以说到这一层是因为你,悲鸿,在你的大文里开头就呼斥塞尚或塞尚奴(你译作腮惹纳)与玛蒂斯(你译作马梯是)的作品"无耻"。另有一次你把塞尚比作"乡下人的茅厕",对比你的尊师达仰先生(DagnanBouveret)的"大华饭店"。在你大文的末尾你又把他们的恶影响比类"来路货之吗啡海绿茵";如果将来我们的美术馆专事收罗他们一类的作品,你"个人却将披发入山,不愿再见此卑鄙昏聩黑暗堕落也"。这不过于言重吗,严正不苟的悲鸿先生？

风尚是一个最耐寻味的社会与心理的现象。客观的说,从方跟丝

147

袜到尖跟丝袜,从维多利亚时代的进化的乐观主义到维多利亚后期怀疑主义再到欧战期内的悲观主义,从爱司霉到鸭稍鬈,从安葛尔的典雅作风到哥罗的飘逸,从特拉克洛崔的壮丽到塞尚的"土气"再到梵高的癫狂———一样是因缘于人性好变动喜新异(深一义的是革命性的创作)的现象。我国近几十年事事模仿欧西,那是个必然的倾向,固然是无可喜悦,抱憾却亦无须。是他们强,是他们能干,有什么可说的?妙的是各式欧化的时髦在国内见得到的,并不是直接从欧西来,那倒也罢,而往往是从日本转贩过来的, 这第二手的摹仿似乎不是最上等的企业。说到学袭,说到赶时髦,(这似乎是一个定律,)总是皮毛的新奇的肤浅的先得机会 (你没有见过学上海派装束学过火的乡镇里来的女子吗?)。主义是共产最风行,文学是"革命的"最得势,音乐是"脚死"最受欢迎,绘画当然就非得是表现派或是旋涡派或是大大主义或是立体主义或是别的什么更耸动的喵死木死。

在最近几年内,关于欧西文化的研究也成了一种时髦,在这项下,美术的讨论也占有渐次扩大的地盘。虽则在国内能有几个人亲眼见到过罗浮宫或是乌翡栖或是特莱司登美术院里的内容?但一样的拉飞尔安葛尔米勒铁青梵尼亚乃至塞尚阿溪朋谷已然是极随熟的口头禅。我亲自听到过(你大约也有经验)学画不到三两星期的学生们热奋的争辩古典派与后期印象派的优劣,梵高的梨抵当着考莱琪奥的圣母,塞尚的苹果交斗着鲍狄乞黎的薇纳丝———他们那口齿的便捷与使用各家学派种种法宝的热烈,不由得我不十分惊讶的钦佩。这大都是(我猜想)就近由我们的东邻转贩得来的。日本是永远跟着德国走;德国是一座喵死木死最繁殖的森林, 假如没有那种喵死木死的巧妙的繁缛的区分,在艺术上凭空的争论是几于不可能的。在新近的欧西画派中,也不

148

知怎的，最受传诵的，分明最合口味的(在理论上至少)，碰巧是所谓后期印象派 ("Post Impressionism" 这名词是英国的批评家法兰先生 Mr. Roger Fry 在组织 1911 年的 Grafton Exhibition 时临时现凑的，意思只是印象派以后的几个画家，他们其实也是各不相同绝不成派的，但随后也许因为方便，就沿用了)。但是天知道！在国内最早谈塞尚谈梵高谈玛蒂斯的几位压根儿就没有见过(也许除了蔡孑民先生)一半幅这几位画家的真迹！除非我是固陋，我并且敢声言最早带回塞尚梵高等套版印画片来的还是我这蓝青外行！这一派所以入时的一个理由是与在文学里自由体诗短篇小说独幕剧所以入时同一的——看来容易。我十二分同情于由美术学校或画院刻苦出身的朋友鄙薄塞尚以次一流的画，正如我完全懂得由八股试帖诗刻苦出身的老辈鄙薄胡适之以次一流的诗。你说他们的画一小时可作二三幅。这话并不过于失实，梵高当初穷极时平均每天作画三幅，每幅平均换得一个法郎的代价——三个法郎足够他一天的面包咖啡与板烟！

　　但这"看来容易"却真是害人——尤其是性情爱好附会的就跟着来撷拾一些他们自己懂不得一半的名词，吹动他们传声的喇叭，希望这么一来就可以勾引起，如同月亮勾引海潮，一个"伟大的"运动——革命；在文艺上掀动全武行做武戏与在政治上卖弄身手有时一样的过瘾！这你可以懂得了吧，悲鸿，为什么所谓后期印象派的作风能在，也不仅中国，几于全世界，有如许的威风？你是代表一种反动，对这种在你看来完全 Anarchic 运动的反动(却不可误会我说你是反革命，那不是顽！)，所以你更不能姑息，更不能容忍，你是立定主意要凭你的"浩然之气"来扫荡这光天下的妖气！我当然不是拿你来比陪在前十年的文学界的林畏庐，你不可误会；我感觉到的只是你的愤慨的真诚。如果你，悲鸿，甘脆的

徐志摩解读名人

说，我们现在学西画不可盲从塞尚玛蒂斯一流，我想我可以赞同——尤其那一个"盲"字。文化的一个意义是意识的扩大与深湛，"盲"不是进化的道上的路碑。你如其能进一步，向当代的艺界指示一条坦荡的大道，那我，虽则一个素人，也一定敬献我的钦仰与感激。但你恰偏偏挑了塞尚与玛蒂斯来发泄你一腔的愤火；骂他们"无耻"，骂他们"卑鄙昏聩"，骂他们"黑暗堕落"，这话如其出在另一个人的口里，不论谁，只要不是你，悲鸿，那我再也不来废工夫迂回的写这样长篇的文字(说实话，现在能有几个人的言论是值得尊重的!)；但既然你说得出，我也不能制止我的"惑"，非得进一步请教，请你更剀切的剖析，更剀切的指示，解我的，同时也解，我敢信，少数与我同感的朋友的，"惑"。

我不但尊重你的言论，那是当然的，我并且尊重你的谩骂("无耻"一流字眼不能不归入谩骂一阑吧？)，因为你决不是瞎骂。你不但亲自见过塞尚的作品，并且据你自己说，见到过三百多幅的多，那在中国竟许没有第二个。也不是因为派别不同；要不然你何以偏偏:不反对皮加粟(Picasso)，"不反对"梵高与高根，这见证你并不是一个固执成见的"古典派"或画院派的人。换句话说，你品评事物所根据的是，正如一个有化育的人应得根据活的感觉，不是死的法则。我所以惑。再说，前天我们同在看全国美展所陈列的日本洋画时，你又曾极口赞许太田三郎那幅皮加粟后期影响极明显的裸女，并且你也"不反对"，除非我是错误，满谷国四郎的两幅作品；同时你我也同意不看起中村不折一类专写故事的画片，汤浅一郎一流平庸的无感觉的手笔；你并且还进一步申说"与其这一类的东西毋宁里见胜藏那怕人的裸像"。这又正见你的见解的平允与高超，不杂意气，亦无有成见。在这里，正如在别的地方，我们共同的批判的标准还不是一个真与伪或实与虚的区分？在我们衡

150

量艺术的天平上最占重量的,还不是一个不依傍的真纯的艺术的境界(An independent artistic vision)与一点真纯的艺术的感觉?什么叫做一个美术家除是他凭着绘画的或塑造的形象想要表现他独自感受到的某种灵性的经验?技巧有它的地位,知识也有它的用处,但单凭任何高深的技巧与知识,一个作家不能造作出你我可以承认的纯艺术的作品。你我在艺术里正如你我在人事里兢兢然寻求的,还不是一些新鲜的精神的流露,一些高贵的生命的晶华,况且在艺术上说到技巧还不是如同在人的品评上说到举止与外貌;我们不当因为一个人衣衫的不华丽或谈吐的不隽雅而貌视他实有的人格与德性,同样的我们不该因为一张画或一尊象技术的外相的粗糙或生硬而忽略它所表现的生命与气魄。这且如此,何况有时作品的外相的粗糙与生硬正是它独具的性格的表现?(我们不以江南山川的柔媚去品评泰岱的雄伟,也不责备施耐庵不用柴大官人的口吻去表写李逵的性格,也为了同样的理由。但这当然是一个极浅的比照。)

如果我上面说的一些话你听来不是完全没有理性;如果再进一步关于品评艺术的基本原则,你也可以相当的容许,且不说顺从,我的肤浅的观察,那你,悲鸿,就不应得如此谩骂塞尚与玛蒂斯的作风,不说他们艺术家的人格。在他们俩,尤其是塞尚,挨骂是绝不希奇;如你知道,塞尚一辈子关于他自己的作品,几于除了骂就不曾听见过别的品评——野蛮,荒谬,粗暴,胡闹,滑稽,疯癫,妖怪,怖梦,在一八七四年"Communard"(这正如同现代中国骂人共产党或反动派),在一九〇四年,他死的前两年,Un: "Anarchiste"。在一八九五年(塞尚五十六岁)服拉尔先生(Ambroise Vollard)用尽了气力组织成塞尚的第一次个人展览时,几于所有走过 39 Rue Laffitte 的人(因为在窗柜里放着他的有名的

151

《休憩时的浴者》)都得,各尽本分似的,按他们各人的身分贡献他们的笑骂! 下女,面包师,电报生,美术学生,艺人,绅士们,太太们,尤其是讲究体面的太太们,没有一个不是羞红了脸或是气红了脸的,表示他们高贵的愤慨——看了艺术堕落到这般田地的愤慨。但在十一二年后艺史上有名的"独立派"的"秋赛"时,塞尚,这个普鲁冈司山坳里的土老儿,顿时被当时的青年艺术家们拥上了二十世纪艺术的宝座,一个不冕的君主! 在穆耐,特茄史,穆罗,高根,毕于维史等等奇瑰的群峰的中间,又涌出一座莽苍浑灏的宗岳!Salle Ceza 是一座圣殿,只有虔诚的脚踪才可以容许进去瞻仰,更有谁敢来吐漏一半句非议话的话——先生小心了,这不再是十一二年前的"拉斐脱路三十九"!

这一边的笑骂,那一边的拥戴,当然同样是一种意气的反动,都不是品评或欣赏艺术应具的合理的态度。再过五年塞尚的作品到了英国又引起了艺界相类的各走极端的风波:一边是"非理士汀"们当然的嬉笑与怒骂,一边是,"高看毛人"们一样当然反动的怒骂与嬉笑。就在现在,塞尚已然接踵着蒙内,米莱,特茄史等等成为近代的典型(Classic),在一班艺人们以及素人们提到塞尚还是不能有一致的看法,虽则咒骂的热烈,正如崇拜的疯狂,都已随着时光减淡得多的了。塞尚在现代画术上,正如洛坛在塑术上的影响,早已是不可磨灭,不容否认的事实,他个人艺术的评价亦已然渐次的确定——却不料,万不料在这年上,在中国,尤其是你的见解,悲鸿,还发见到这一八九五年以前巴黎市上的回声! 我如何能不诧异? 如何能不惑?

话再说回头,假如你只说你不喜欢,甚而厌恶塞尚以及他的同流的作品,那是你声明你的品味,个人的好恶,我决没有话说。但你指斥他是"无耻","卑鄙","商业的"。我为古人辩诬,为艺术批评争身价,不能不告罪饶舌。如其在艺术界里也有殉道的志士，塞尚当然是一个(记得文学界的莆禄贝尔)。如其近代有名的画家中有到死卖不到钱，同时金钱的计算从不曾羼入他纯艺的努力的人，塞尚当然是一个。如其近代画史上有性格孤高，耿介澹泊，完全遗世独立，终身的志愿但求实现他个人独到的一个"境界"这样的一个人，塞尚当然是一个。换一句话说，如其近代画史上有"无耻"，"卑鄙"一类字眼是应用不上的一个人，塞尚是那一个人！塞尚足足画了五十几年的画，终生不做别的事。他看不起巴黎人因为他有一次听说巴黎有买他的静物画的人；"他们的品味准是够低的，"他在乡间说。他画，他不断的画；在室内画，在野外画；一早起画，黄昏时还是画；画过就把画掷在一边再来第二幅；画不满意(他永远不满意)他就拿刀向画布上搠，或是拿画从窗口丢下楼去，有的穿挂在树枝上像一只风筝；你(不论你是谁)只要漏出一半句夸赞他的画的话，他就非得央着把那幅画送给你(他却不虑到你带回家时见得见不得你的太太！) 他搬家就把他画得的画如数丢下在他搬走的画室里！至于他的题材，他就只画他眼前与眼内的景象：山岭，山谷，房舍，苹果，大葱，乡里人(不是雇来的模特儿)，他自己或是他的戴绿帽的，黄脸婆子，河边洗澡的，林木，捧泥娃娃的女小孩……他要传达他的个人的感觉，安排他的"色调的建筑"，实现他的不得不表现的"灵性的经验"！我们能想像一个更尽忠于纯粹艺术的作者不？他一次说他不愿画耶稣因为他自己对教的信仰不够虔诚，不够真。这能说是无耻卑鄙不？(在中国不久，我相信，十个画家里至少会有九个要画孙中山先生，因为——因为他们都确信他们自己是三民主义的忠实的信徒！)

　　至于他的画的本身——但我实在再不能纵容我自己了，我话已然说得太太多；况且你是最知道塞尚的作品的，比我知道得多，虽则你的同情似乎比我少，外行侈谈美术是一种大大的罪孽，我如何敢大胆？但容我再顺便在这信尾指出：在你所慷慨列述的近代法国大师的名单中，有的，如同特拉克洛洼与孤尔倍是塞尚私淑的先生(小说家左拉 Zola，塞尚的密友，死后他的画堆里发见一张画题名 Len'évement，人都疑心不是特拉克洛洼自己就是门下画的，但随后发见署名是塞尚！你知道这件小掌故不？所以我们别看轻那土老儿，早年时他也会画博得我们夸壮丽雄伟等等的神话，例如伟丈夫抗走妖艳的女子之类!)有的，如同勒奴幻或 Pissarro(你似乎不曾提到他，但你决不能如何恨他)，或穆耐或特茄史都是他的程度，浅深间的相知(虽则塞尚说："这群人打扮得都像律师。")有的，例如马耐，你称为"庸"的，或是毕于维史，你称为伟大的，是他的冤家，他们的轻视是相互的 Homo adichtus Nature，至于尊师达仰先生，他大约不曾会过塞尚，他大概不屑批评塞尚的作品，但我同时揣度他或许不能完全赞同你对他的批评。你这些还有甚么说的，既然如今塞尚，不再是一个乡里来的人，不再是 Communard 或是 Anarchist，已然是在艺术界成为典型正如布赛 Poussin，特拉克洛洼，洛坛，米莱等一个个已然成为典型，我当然不敢不许你做第二个托尔斯泰，拓出一支巨膀去扫掉文庙里所有的神座，但我却愿意先拜读你的《艺术论》。最后还有一句话：对不起玛蒂斯，他今天只能躲在他前辈的后背闪避你的刀锋；但幸而他的先生是你所佩服的穆罗 Moreau，他在东方的伙伴或支裔又是你声言"不反对"的满谷国四郎，他今天，我知道，正在苏州玩虎邱！

四月九日写天亮

载上海《美展》三日刊第 5 期、第 6 期(1929 年 4 月 22、25 日)